高等职业教育轨道交通新形态一体化系列教材

U0616339

铁路信号集中监测系统运用与维护

主　编　张胜平

副主编　都淑明　韩　蕾　金国富

主　审　周文江

本书配套数字资源

西南交通大学出版社
·成都·

图书在版编目（CIP）数据

铁路信号集中监测系统运用与维护 / 张胜平主编
. 一成都：西南交通大学出版社，2021.1（2025.6 重印）
ISBN 978-7-5643-7871-4

Ⅰ. ①铁… Ⅱ. ①张… Ⅲ. ①铁路信号 – 监测系统 –
高等职业教育 – 教材 Ⅳ. ①U284.91

中国版本图书馆 CIP 数据核字（2020）第 243889 号

Tielu Xinhao Jizhong Jiance Xitong Yunyong yu Weihu

铁路信号集中监测系统运用与维护

主编　张胜平

责任编辑	朱小燕
封面设计	何东琳设计工作室

出版发行	西南交通大学出版社
	（四川省成都市金牛区二环路北一段 111 号
	西南交通大学创新大厦 21 楼）
邮政编码	610031
营销部电话	028-87600564　028-87600533
网址	http://www.xnjdcbs.com
印刷	四川煤田地质制图印务有限责任公司

成品尺寸	185 mm × 260 mm
印张	12
字数	298 千
版次	2021 年 1 月第 1 版
印次	2025 年 6 月第 4 次
定价	39.00 元
书号	ISBN 978-7-5643-7871-4

课件咨询电话: 028-81435775
图书如有印装质量问题　本社负责退换
版权所有　盗版必究　举报电话: 028-87600562

铁路信号集中监测系统是监测信号设备状态、发现信号设备隐患、诊断分析信号设备故障原因、实现信号子系统接口信息安全监督、辅助和指导现场维修及故障处理、提高电务系统设备运用质量和维护水平的重要信号设备。铁道信号相关专业的学生和铁路现场信号设备维护人员必须掌握信号集中监测系统的设备组成、功能、使用及维护方法。

本书编写基于铁路信号集中监测系统应用与维护的实际工作过程，教材内容编排基于项目导向、任务驱动，能较好地适应高职教育教学规律。全书共设铁路信号集中监测系统认知与应用、道岔转辙设备曲线分析、轨道电路曲线分析、信号机与电源设备监测数据分析、铁路信号集中监测系统管理与维护等 5 个项目，合计 21 个工作任务。本书图文并茂、简洁易懂，适合作为高职院校铁路信号专业教材，也适合作为铁路信号技术人员的培训教材或参考用书。

本书由辽宁铁道职业技术学院张胜平担任主编，辽宁铁道职业技术学院都淑明、韩蕾及包头铁道职业技术学院金国富担任副主编，沈阳铁路局电务处周文江高级工程师担任主审。具体编写分工：张胜平编写项目一的任务一、二、三、四、五，金国富编写项目一的任务六，都淑明编写项目三和项目四，韩蕾编写项目二和项目五。本书在编写过程中还得到了辽宁铁道职业技术学院有关领导、同事的支持，在此表示感谢。

由于时间仓促、作者水平有限，书中难免存在疏漏和不足之处，恳请读者批评指正。

编　者
2020 年 12 月

目录 CONTENT

铁路信号集中监测系统认知与应用

铁路信号集中监测系统（CSM）是监测信号设备状态、发现信号设备隐患、分析诊断信号设备故障原因、实现信号子系统接口信息安全监督、辅助和指导现场维修及故障处理、提高电务系统设备运用质量和维护水平的重要信号设备。

任务一 铁路信号集中监测系统体系结构认知

信号集中监测系统是信号设备的集中监测和智能诊断分析平台，通过全面汇集地面信号设备、车载信号设备等相关设备的运行状态和监测数据，实现信号设备健康状态及维护信息的集中存储、安全监督、智能诊断、综合分析功能。其监测范围包括联锁、闭塞、列控中心、TDCS/CTC（铁路列车调度指挥系统/调度集中控制系统）、RBC（无线闭塞中心）、TSRS（临时限速服务器）、DMS（配电管理系统）、LMD（列车运行监测管理系统）、机车信号远程监测、电源屏、计轴、区间综合监控等信号设备和子系统。其他信号子系统或新增自诊断设备应通过信息接口方式纳入监测系统，其监测内容、接口方式、通信要求等应符合中国国家铁路集团有限公司（简称"国铁集团"）相关技术条件要求。

一、监测系统的发展历程

1985 年，我国开始研制铁路信号微机监测系统。1997 年，随着列车的提速，研制出了第一代 TJWX 型信号微机监测产品，并且在现场得以应用。2000 年，开发出新型的 TJWX-2000 微机监测系统。

2006 年 8 月，铁道部发布《信号微机监测系统技术条件（暂行）》，对铁路信号微机监测系统提出了更高的要求，研制出了 TJWX-2006 微机监测系统。

2010 年 8 月，铁道部运输司会同科技司、鉴定中心组织召开审查会，通过了对《铁路信号集中监测系统技术条件》的技术评审。《铁路信号集中监测系统技术条件》对《信号微机监测系统技术条件》进行了补充完善，铁路信号集中监测系统是信号微机监测系统的升级，明确了铁路信号集中监测系统作为信号设备的综合监测平台，规定了铁路信号集中监测系统应统一规划，统一实施，与联锁、闭塞、列控、TDCS/CTC 等系统同步设计、施工、调试、验收及开通。

2018 年 5 月，中国铁路总公司印发《铁路信号集中监测系统暂行技术条件》（TJ/DW—2018），自 2018 年 7 月 1 日起施行。

2020 年 9 月，中国国家铁路集团有限公司印发《铁路信号集中监测系统技术条件》（Q/CR 442—2020），自 2020 年 12 月 31 日起施行。

随着科学技术的不断发展与进步，我国铁路及城市轨道交通现代化建设正朝着网络化、自动化、数字化、综合化和智能化（简称"五化"）的方向发展。为此，铁路信号集中监测系统正在向集设备监控、诊断与维护、生产决策和辅助运营管理等功能于一体的综合化、智能化信息平台发展，以提高整个铁路及轨道交通信号设备的使用效率和诊断维护能力，车站防灾、消灾监控和指挥决策能力。

发展信号集中监测系统是铁路运输生产的需要，是铁路信号技术自身发展的需要，是信号维修改革的需要。系统能全天候监测信号设备的运行状态，测定电气性能的偏离界限，及时发现故障隐患，使信号设备具有了自诊断功能，有效地避免因信号设备故障而产生的行车事故。系统运用计算机技术，通过逻辑判断，有利于捕捉瞬间故障和间歇故障，有利于分析故障，分清责任。系统能够监督信号设备工作状态和变化趋势，是推行信号设备状态修的技术基础，为维修决策提供科学依据。系统通过联网，将各站信号设备运行信息传送到车间、电务段、铁路局集团公司、国铁集团，便于指导维修工作，加强生产指挥，实现科学管理。

二、监测系统的体系结构认知

系统体系结构包括系统配置的层次结构和数据通信的网络结构。系统层次结构为"三级三层"结构，如图 1.1.1 和图 1.1.2 所示。"三级"为国铁集团级、局集团公司级、站段级，"三层"为国铁集团层监测子系统、局集团公司/电务段层监测子系统、车站层监测子系统。

1. 设备配置

国铁集团层监测子系统配置通信前置服务器、应用服务器、数据库服务器、存储设备、网络设备、电源设备、防雷设备、维护工作站。

局集团公司/电务段层监测子系统配置计算资源设备、存储设备、网络设备、网络安全设备、电源设备、防雷设备、维护工作站。其中计算资源设备包括通信前置服务器、应用服务器、综合分析服务器、数据库服务器、网管服务器、Web 服务器、防病毒服务器、时间服务器、接口服务器等。

监测终端主要包括国铁集团终端、局集团公司终端、电务段调度终端、电务段试验室终端、车间终端、工区（含值班室）终端，可根据维修管理需要配置相应的终端。

车站层监测子系统配置车站处理机（简称站机）、采集设备、网络通信设备。

2. 通信网络组网原则

（1）系统组网遵照统一规划、统一标准、合理布局的原则，在满足现阶段需要的同时，应留有发展余量。

（2）系统网络应采用 TCP/IP（传输控制协议/互联协议）并符合开放式网络体系结构。

（3）系统网络设计应在保证可靠性、安全性、实时性的前提下，采用标准、通用的网络设备。

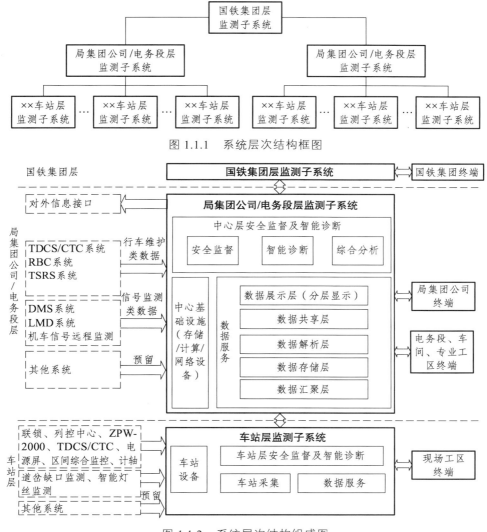

图 1.1.1　系统层次结构框图

图 1.1.2　系统层次结构组成图

3. 总体结构及网络构成

系统网络结构分为车站、工区、车间、电务段至局集团公司之间的基层网、局集团公司至国铁集团之间的上层网，网络结构如图 1.1.3 所示。系统网络包括国铁集团、局集团公司（含电务段、车间、工区）、车站局域网以及连接各局域网的广域网。

4. 局域网连接方式及传输指标

（1）国铁集团局域网应采用交换机进行组网，采用星型/总线型连接方式，传输速率不低于 1 000 Mbit/s。国铁集团局域网中部署有国铁集团监测中心设备、国铁集团监测终端。

（2）局集团公司中心包含局集团公司（含所在地电务段）局域网以及异地电务段局域网。

异地电务段局域网通过通信网络接入局集团中心。局集团公司（电务段）局域网中部署有局集团公司层监测中心设备、电务段监测中心设备，以及局集团公司监测终端、电务段监测终端等。既有电务段中心设备应逐步融合到局集团中心。

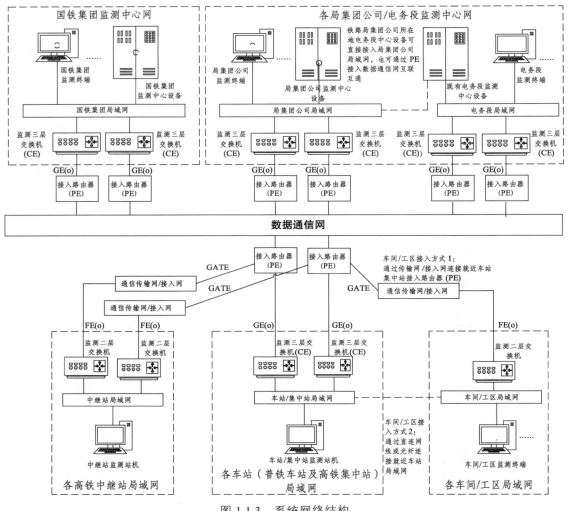

图 1.1.3　系统网络结构

（3）车站局域网、车间/工区局域网应采用交换机进行组网，采用星型/总线型连接方式，传输速率不低于 100 Mbit/s。车站局域网中部署有车站层监测设备；车间/工区局域网中部署有车间/工区监测终端及网络设备。

（4）局域网内采用 RJ45 接口形式，传输介质为非屏蔽超五类/六类双绞线或光纤。局域网布线应符合 GB/T 50311—2016《建筑与建筑群综合布线系统工程设计规范》的有关规定。

5. 广域网连接方式及传输指标

（1）基层网要求如下：

① 车站局域网至局集团公司之间宜采用数据通信网组网；网络可用带宽应不低于 20 Mbit/s，端到端单向时延不大于 50 ms。

② 普速铁路车站及高速铁路车站局域网宜通过 PE-CE 互联方式接入数据通信网；车站监测系统的 CE（三层交换机）应采用双套冗余配置，信号机房至通信机房应采用双路光纤连接，接口类型宜采用 GE(o)。

③ 高速铁路中继站宜通过通信传输网或接入网延伸接入就近车站数据通信网；中继站监测系统的网络设备（二层交换机）应采用双套冗余配置，采用双路光纤连接，接口类型宜采用 FE(o) 或 GE(o)；相应传输网或接入网应具备监测系统中继站至所属集中站通道的冗余保护功能。

④ 车间/工区根据实际情况（相邻车站及本地通信网资源现状）通过接入网或传输网接入邻近车站或电务段数据通信网；车间/工区网络设备（二层交换机）可采用单套配置，接口类型宜采用 FE(o) 或 GE(o)。

⑤ 电务段至局集团公司之间采用数据通信网时，网络可用带宽应不低于 100 Mbit/s，端到端单向时延不大于 50 ms；电务段 CE（三层交换机）应采用双套冗余配置，信号机房至通信机房应采用双路光纤连接，接口类型宜采用 GE(o)。

⑥ 当既有 E1 专线传输通道基层网尚未改造完成数据通信网时，可维持原网络结构从既有电务段监测中心节点汇入局集团公司中心网络。车站（含普速铁路车站、高速铁路集中站、中继站）采用 E1 专线环形组网，每 5~12 个车站形成一个环路，环内具体车站数量可以结合通信传输系统节点情况确定；当既有 E1 专线传输通道基层网改造完成后，既有电务段监测中心节点应撤销并融入局集团公司监测中心。

（2）上层网要求如下：

① 上层网宜采用数据通信网组网，网络可用带宽应不低于 20 Mbit/s，端到端单向时延不大于 100 ms。

② 局集团公司、国铁集团监测中心的 CE（用户网络边缘设备）等关键网络设备（三层交换机）应采用双套冗余配置，信号机房至通信机房应采用双路光纤连接，接口类型宜采用 GE(o)。

③ 广域网数据传输通道误码率应不大于 1×10^{-8}。

④ 数据通信网应满足现行 YD/T 1170、YD/T 1190 等技术要求和国铁集团有关路由规范，应采用 VPN 等技术保障本系统的 QoS 优先级及与数据通信网承载其他应用系统间的安全隔离。

⑤ 监测系统应设置网管服务器，具备监督网络通道状况功能。

⑥ 监测系统的各节点 IP 地址应统一规划及分配。

任务二　信号集中监测系统功能认知

一、设备监测功能

（一）外电网综合质量监测

监测系统对外电网 I、II 路输入线电压、相电压、电流有效值、频率、相位角、有功功率进行监测，同时采集外电网 I、II 路输入瞬时断电波形。

电压监测点设置在配电箱闸刀外侧外电电源引入端子处；电流采用开口式电流互感器监

测，电流监测点设置在配电箱闸刀内侧。站机周期巡测（周期≤1 s），变化测。断相、错序、瞬间断电报警的采样周期为 50 ms；电压、电流采样周期为 250 ms；瞬时断电波形采集周期为 2.5 ms。

外电网质量符合以下条件时报警：

（1）输入电压与额定电压的差值：大于额定电压值的 15%或小于额定电压值的 20%时报警并记录；

（2）输入电压低于额定电压值的 65%，时间超过 1 000 ms 时断相及断电报警并记录；

（3）输入电压低于额定电压值的 65%，时间超过 140 ms，但不超过 1 000 ms 时瞬间断电报警并记录故障波形；

（4）对于三相（380 V）输入电源，相序错误时错序报警并记录。

（二）轨道电路监测

1. 交流连续式轨道电路监测

1）接收端电压监测

集中监测系统在轨道组合侧面对应轨道继电器端或分线盘上对应端子上接线采集轨道继电器交流电压、直流电压大小。测试方式为站机周期巡测（周期≤1 s），变化测，采样周期为 250 ms。

2）发送端电压监测

集中监测系统在分线盘保险后端接线采集轨道电路发送端电压大小。测试方式为站机周期巡测（周期≤1 s），变化测，采样周期为 250 ms。

3）开关量监测

集中监测系统通过监测轨道继电器 GJ 空接点或半组空接点的状态，监测轨道继电器 GJ 状态，一送多受轨道区段采集各分支受端 GJ 状态。测试方法为站机周期巡测（周期≤1 s），变化测，采样周期小于等于 150 ms。

2. 25Hz 相敏轨道电路监测

1）接收端电压、相位角及 50 Hz 干扰电压监测

监测系统在轨道测试盘侧面端子或二元二位轨道电路继电器端、局部电压输入端，相敏轨道电路电子接收器端，监测轨道接收端交流电压、相位角、50 Hz 干扰电压。测试方式为站机周期巡测（周期≤1 s），变化测；轨道继电器励磁时测相位角，轨道占用时不测试相位角；采样周期为 250 ms。

2）送端电压监测

集中监测系统在分线盘保险后端接线采集轨道电路发送端电压大小。测试方式为站机周期巡测（周期≤1 s），变化测，采样周期为 250 ms。

3）开关量监测

集中监测系统通过监测轨道继电器 GJ 空接点或半组空接点的状态，监测轨道继电器 GJ 状态，一送多受轨道区段采集各分支受端 GJ 状态。测试方法为站机周期巡测（周期≤1 s），变化测，采样周期小于等于 150 ms。

3．不对称高压脉冲轨道电路监测

监测系统对于没有自诊断功能的不对称高压脉冲轨道电路监测其接收端波头、波尾有效值电压，峰值电压，电压波形。接收端波头、波尾有效电压监测点为译码器输出端，峰值电压、电压波形监测点为译码器输入端。测试方式：站机周期巡测（周期≤1 s），变化测，电压波形为人工命令测试；采样周期：有效值电压采样周期为 1 s，电压波形采样周期为 0.2 ms。

集中监测系统通过监测轨道继电器 GJ 空接点或半组空接点的状态，监测轨道继电器 GJ 状态，一送多受轨道区段采集各分支受端 GJ 状态。测试方法为站机周期巡测（周期≤1 s），变化测，采样周期小于等于 150 ms。

（三）直流转辙机监测

1．直流转辙机动作曲线监测

监测系统在直流转辙机控制电路的动作回线处采样，根据 1DQJ 条件进行连续测试；主要监测道岔转换过程中转辙机动作电流、故障电流、动作时间、转换方向；采样周期为 40 ms。

2．道岔表示电压监测

监测系统在分线盘处监测道岔表示交、直流电压。测量方式：站机周期巡测（周期≤1 s），变化测；采样周期为 500 ms。

3．开关量监测

监测系统通过监测 1DQJ、DBJ、FBJ 等关键继电器的空接点或半组空接点的状态，监测 1DQJ、DBJ、FBJ 等关键继电器的状态。测试方法：站机周期巡测（周期≤1 s），变化测；采样周期小于等于 150 ms。

（四）交流转辙机监测

1．交流转辙机动作曲线监测

交流转辙机包括：ZYJ 系列液压转辙机，S700K 系列、ZDJ-9 系列交流电动转辙机。根据 1DQJ 条件进行连续监测道岔转换过程中转辙机动作功率、电流、动作时间、转换方向。电压采样在断相保护器输入端，电流采样在断相保护器输出端。采样周期为 40 ms。

2．道岔表示电压监测

监测系统在分线盘道岔表示线处监测交流转辙机 X1X3、X1X2、X2X4、X3X5 道岔表示交、直流电压；测试方法为站机周期巡测（周期≤1 s），变化测，采样周期为 500 ms。

3．断相保护器输出直流电压监测

监测系统在断相保护器 DBQ 的 1、2 接点处监测断相保护器驱动 BHJ 的直流电压。测试方式为站机周期巡测（周期≤1 s），变化测，采样周期为 250 ms。

4．开关量监测

监测系统通过监测 1DQJ、1DQJF、DBJ、FBJ、BHJ 继电器的空接点或半组空接点器状态，监测 1DQJ、1DQJF、DBJ、FBJ、BHJ 继电器状态。测试方法为站机周期巡测（周期≤1 s），变化测，采样周期小于等于 150 ms。

（五）电缆绝缘监测

监测系统在分线盘或区间综合柜零层或电缆测试盘处，测试电缆芯线全程对地绝缘。测试电压为 DC 500 V；电缆类型为各种信号电缆回线（提速道岔只测试 X4、X5，对耐压低于 500 V 的设备，如 LEU 等不纳入测试）；测试方式：拔出防雷或断开防雷地线后启动、自动测量；人工命令多路测试。

（六）漏泄电流监测

监测系统在电源屏输出端测试输出电源对地漏泄电流。监测类型为电源屏各种输出电源；在天窗点内人工启动，通过取样电阻 1 kΩ（DC）/50 Ω（AC）上电压测试电源对地漏泄电流值；人工命令多路测试。

（七）信号机监测

监测系统在信号点灯电路始端监测列车信号机、预告信号机的灯丝继电器（DJ，2DJ）工作交流电流。测试方式为站机周期巡测（周期≤1 s），变化测，采样周期为 500 ms。

（八）集中式移频监测

1. 站内电码化监测

1）发送盒功出监测

在发送器（盒）功出端监测发送盒功出电压、发送电流、载频及低频频率。测试方式为站机周期巡测（周期≤1 s），根据轨道占用状态动态测试；电压、电流采样周期为 250 ms，频率采样周期为 1 s。

2）电缆侧模拟量监测

监测内容为正线股道、道岔区段、无岔区段，侧线有叠加电码化股道区段的电码化电缆侧电压、电流、载频及低频频率。电压采集点在分线盘，电流采集点在组合架输出端至分线盘回路；测试方式为站机周期巡测（周期≤1 s），变化测；电压、电流采样周期为 250 ms，频率采样周期为 1 s。

3）开关量监测

监测系统通过监测对应继电器空接点，监测模拟量对应区段的 CJ 状态、轨道继电器状态。测试方法为站机周期巡测（周期≤1 s），变化测，采样周期小于等于 150 ms。

2. 有绝缘移频轨道电路监测

1）模拟量监测

监测内容为发送端功出电压、功出电流、载频及低频频率，接收端限入电压、移频频率及低频频率。监测点为发送器（盒）功出、接收器（盒）限入；测试方法为站机周期巡测（周期≤1 s），根据轨道占用状态动态测试；电压、电流采样周期为 250 ms，频率采样周期为 1 s。

2）开关量监测

监测系统通过监测轨道继电器 GJ 空接点监测轨道继电器 GJ 状态；测试方法为站机周期巡测（周期≤1 s），变化测，采样周期小于等于 150 ms。

（九）半自动闭塞监测

监测系统在分线盘半自动闭塞外线、硅整流输出端监测半自动闭塞线路直流电压、电流，硅整流输出电压。测试方法为站机周期巡测（周期≤1 s），采样周期为 100 ms。

（十）环境监测

1. 温度、湿度监测

监测系统在信号继电器室、电源室、机房等处监测信号继电器室、电源室、机房环境温度、湿度；测试方法为站机周期巡测（周期≤1 s），变化测。

2. 异物侵限监测

监测系统在分线盘处监测异物侵限系统与列控系统分界口处接口继电器直流电压。测试方式为站机周期巡测（周期≤1 s），变化测，采样周期为 250 ms。

（十一）站（场）间联系线路监测

监测系统在分线盘处监测站（场）间联系线路直流电压、自闭方向电路电压、区间监督电压。测试方式为站机周期巡测（周期≤1 s），变化测，采样周期为 250 ms。

（十二）开关量监测功能

（1）对于计算机联锁车站，相关状态从联锁接口获取，对继电联锁车站按钮状态、控制台表示状态、关键继电器状态等的开关量实时状态进行监测。

① 列车、调车按钮状态原则上采集按钮的空接点。无空接点时，可从按钮表示灯电路采集；对于列车、调车按钮继电器有空接点的，可从该空接点采集；有半组空接点的，可用开关量采集器采集。

② 其他按钮状态原则上从按钮表示灯电路采集，无表示灯电路时，可从按钮空接点采集。

③ 控制台所有表示灯状态从表示灯电路采集；集中式自动闭塞的区间信号机点灯和区间轨道电路占用状态，从移频接口电路采集。

测试方式：站机周期巡测（周期≤1 s），变化测，采样周期为 150 ms。

（2）其他开关量监测。

① 对组合架零层、组合侧面以及控制台的主副熔丝转换装置进行监测、记录并报警。

② 对继电联锁车站道岔电路 SJ 第八组接点封连进行动态监测、记录并报警。

③ 环境开关量监测（具体项目可选）：电源室、机房、继电器室等处的烟雾、明火、水浸、门禁、玻璃破碎等开关量信息的采集、记录并报警。

二、预报警管理功能

（一）一级报警

一级报警是指涉及行车安全及行车组织，须立即处理的报警，包括道岔挤岔、列车信号非正常关闭、火灾、故障通知按钮使用、防灾异物侵限报警、SJ 锁闭封连报警（仅限于 6502 站）等。

声光报警，人工确认后停止报警，并通过网络上传到各级终端。

报警及恢复条件：

1. 挤岔报警

（1）报警条件：

6502 电气集中车站：控制台道岔挤岔灯亮，某组道岔定、反位均由有表示变为无表示，且对应道岔区段被占用，并且超过 13 s，则报警。

微机联锁车站：道岔定、反位均无表示（或者联锁系统送对应道岔的挤岔报警信息），且对应道岔区段被占用，并且超过 13 s，则报警。

（2）恢复条件：

挤岔报警后，只要定表和反表有一项恢复，则报挤岔恢复。

2. 列车信号机非正常关闭报警

（1）报警条件：

列车信号正常关闭的两种情况：第一，列车信号关闭时，如果对应的总人解、总取消按钮被按压过，且其始端按钮被按压过，则信号是正常关闭；第二，列车信号关闭时，如果该信号机的接近区段和内方第一区段曾经被占用过，则信号是正常关闭。其他情况则提示信号非正常关闭报警。

（2）恢复条件：无。

3. 故障通知按钮报警

（1）报警条件：

当检测到故障通知按钮开关量状态成立时，则提示报警，记录报警时间。电务人员点击确认按钮后，故障通知受理成功，记录受理时间。

（2）恢复条件：

报警发生后，故障通知按钮开关量状态不成立，报警恢复，记录恢复时间。报警恢复后，电务人员填写故障通知原因，并提交。

4. 火灾报警

（1）报警条件：

监测系统自行采集时：当同时存在明火报警和烟雾报警达到 10 s 时，提示为火灾报警。与智能系统接口时：发生火灾报警时，智能系统将报警信息传送给集中监测系统。

（2）恢复条件：无。

5. 防灾异物侵限报警

防灾异物侵限报警由列控接口传输给集中监测系统。

（1）报警条件：

车站列控中心维护机往车站集中监测系统传输报警发生信息，集中监测收到报警发生信息时，报警内容中增加对应电压值。

（2）恢复条件：

车站列控中心维护机往车站集中监测系统传输报警恢复信息。

6. SJ 锁闭封连报警（仅限于 6502 车站）

SJ 锁闭封连报警由监测采集机以报警开关量的方式发送给集中监测系统。

（1）报警条件：

报警开关量状态成立时，报警。其中，对于非进路、防护/带动道岔、局部控制、中间出岔等特殊情况，监测系统单独记录，但不报警；其余道岔的 SJ 封连报警既要报警，也要记录。

（2）恢复条件：

报警发生后，对应报警开关量状态不成立时，报警恢复。

（二）二级报警

二级报警是指影响行车或设备正常工作，须尽快处理的报警。二级报警包括以下信息：外电网输入电源的断相、断电，错序及瞬间断电，电源屏输出断电报警，智能电源屏报警，列车信号主灯丝断丝，熔丝断丝，转辙机表示缺口超标，道岔无表示报警，ZPW2000 系统报警信息，TDCS/CTC 系统报警信息，列控系统报警信息，计算机联锁系统报警信息，环境监测危险。

声光报警，报警后延时适当时间自动停报，并通过网络上传到各级终端。

报警及恢复条件：

1. 外电网输入电源断相/断电报警

外电网输入电压（含三相及单相电源）低于额定值的 65%，且超过 1 000 ms 时，断相/断电报警由综合采集机或者智能采集器以报警开关量的方式送给集中监测。

（1）报警条件：报警开关量状态成立则报警。

（2）恢复条件：报警发生后，若该开关量状态不成立则恢复。

2. 外电网三相电源错序报警

当三相电源之间夹角超出 120°±3°时，错序报警由综合采集机或智能采集器以报警开关量的方式送给集中监测。

（1）报警条件：报警开关量状态成立则报警。

（2）恢复条件：报警发生后，若该开关量状态不成立则恢复。

下位机报警要求：当出现断相时，只报断相，不能报错序。必须在三相电源都有的情况下才能报错序。

3. 外电网输入电源瞬间断电报警

对于三相电源的车站，输入电压低于额定值的 65%，时间超过 140 ms，但不超过 1 000 ms

时，瞬间断电报警由综合采集机或者智能采集器以报警开关量的方式送给集中监测。对于非三相电源的车站，无瞬间断电报警。

（1）报警条件：报警开关量状态成立则报警。

（2）恢复条件：报警发生后，若该开关量状态不成立则恢复。

4．电源屏输出断电报警

（1）报警条件：电源屏输出电压低于额定值的 65%，且时间超过 1 s 时，报警发生。

（2）恢复条件：报警发生后，对应输出电压恢复正常，报警恢复。

5．列车信号机主灯丝断丝报警

（1）对标准 2000 型的监测方式：

报警条件：根据综合采集机送上来的咽喉号和 AD 值判断出是哪一架信号机报警。

恢复条件：报警发生后，根据下位机的数据得到恢复时间。

（2）对智能型灯丝监测单元，通过单独 CAN 通信分机（或串口通信分机）的方式采集信号机主副丝断丝转换报警。

报警条件：根据采集分机送上来的咽喉号和序号判断出是哪一架信号机的哪个灯位报警。

恢复条件：报警发生后，根据分机送上来的咽喉号和序号判断出是哪一架信号机的哪个灯位报警恢复。

（3）对于微机联锁给集中监测传输灯丝断丝报警信息时，以报警开关量为准。

报警条件：报警开关量状态成立则报警。

恢复条件：报警发生后，报警开关量状态不成立则恢复。

6．熔丝断丝报警

熔丝采集来自综合采集机，综合采集机以报警开关量的方式上传给集中监测。

（1）报警条件：采集的开关量状态成立，则报警。

（2）恢复条件：报警发生后，开关量状态不成立，则恢复。

7．转辙机表示缺口报警

转辙机表示缺口报警来自智能接口系统。

（1）报警条件：智能接口系统给集中监测传输报警信息。

（2）恢复条件：报警发生后，智能采集系统给集中监测传输报警恢复信息。

8．环境监测温度、湿度、明火、烟雾、玻璃破碎、门禁、水浸等报警

（1）温度、湿度报警：

报警条件：收到新的数据后，判断其是否在设定的范围内，高于上限则超高报警，低于下限则超低报警。

恢复条件：报警发生后，收到的新数据如果在设定的范围内，则报警恢复。

（2）明火报警：

报警条件：明火传感器开关量状态成立，并且持续时间超过 10 s，则报警。

恢复条件：报警发生后，明火开关量状态不成立则恢复。

（3）烟雾报警：

报警条件：烟雾报警传感器开关量状态成立，并且持续时间超过 10 s，则报警。

恢复条件：报警发生后，烟雾开关量状态不成立则恢复。

（4）玻璃破碎报警：

报警条件：玻璃破碎报警传感器开关量状态成立，并且持续时间超过 10 s，则报警。

恢复条件：报警发生后，玻璃破碎开关量状态不成立则恢复。

（5）门禁报警：

报警条件：将门禁红外传感器安装在机械室的入口处检测人的进入。当检测到有人进入时，喇叭鸣叫，并将开关量状态传输给集中监测，上位机同时查看 1 min 之内是否有按键信息输入，若没有则报警。

恢复条件：无。

（6）水浸报警：

报警条件：水浸报警传感器开关量状态成立，并且持续时间超过 10 s，则报警。

恢复条件：报警发生后，水浸开关量状态不成立则恢复。

9. 计算机联锁报警

计算机联锁报警主要包括联锁自身设备状态报警、联锁与其他智能系统间的通信报警。联锁系统以开关量报警的方式将对应设备报警发送给集中监测。

（1）报警条件：报警开关量状态成立，则报警。

（2）恢复条件：报警发生后，报警开关量状态不成立，则恢复。

10. 列控系统报警

列控系统报警主要包括列控自身设备状态报警、列控与其他系统间的通信报警。列控系统直接将报警信息发送给集中监测系统。

（1）报警条件：收到列控系统发送过来的报警发生信息，则报警。

（2）恢复条件：收到列控系统发送过来的报警恢复信息，则恢复。

11. ZPW2000 系统报警

ZPW2000 系统报警主要包括 ZPW2000A 系统自身设备状态报警、ZPW2000A 与其他系统间的通信报警。ZPW2000A 系统直接将报警信息发送给集中监测系统。

（1）报警条件：收到 ZPW2000A 系统发送过来的报警发生信息，则报警。

（2）恢复条件：收到 ZPW2000A 系统发送过来的报警恢复信息，则恢复。

12. TDCS/CTC 系统报警

TDCS/CTC 系统报警主要包括 TDCS/CTC 系统自身设备状态报警、TDCS/CTC 与其他系统间的通信报警。TDCS/CTC 系统直接将报警信息发送给集中监测系统。

（1）报警条件：收到 TDCS/CTC 系统发送过来的报警发生信息，则报警。

（2）恢复条件：收到 TDCS/CTC 系统发送过来的报警恢复信息，则恢复。

13. 道岔无表示报警

通过检查相应道岔的定、反表示和 1DQJ 的条件来处理报警。

（1）报警条件：（满足以下条件中的一个条件则报警）

①若1DQJ没有动作，对应道岔的定表、反表码位都没有则立即报警；

②若1DQJ动作，对应道岔的定表、反表码位超过40 s都没有则报警。

（2）恢复条件：报过警之后，对应道岔的表示状态恢复，则恢复。

14. 智能电源屏报警

智能电源屏报警主要包括智能电源屏系统自身设备状态报警及供电情况报警。智能电源屏系统以开关量的方式将报警信息发送给集中监测系统。

（1）报警条件：报警开关量状态成立，则报警。

（2）恢复条件：报警发生后，报警开关量状态不成立，则恢复。

（三）三级报警

三级报警是指信号设备电气及机械特性发生变化即将无法正常工作，须重点关注的报警。包括：各种模拟量的电气特性超限，监测系统与TDCS、计算机联锁、列控中心、智能电源屏等系统通信接口故障，轨道长期占用报警（暂按占用超过72 h后报警），监测系统采集系统采集机、智能采集器通信故障报警。

红色显示报警，电气特性恢复正常后自动停报，可通过网络上传到车间或工区终端。

报警及恢复条件：

1. 各种模拟量的电气特性超限报警

（1）报警条件：收到新的数据后，判断其是否在设定的范围内，高于上限则超高报警，低于下限则超低报警。

（2）恢复条件：报警发生之后，收到的新数据如果在设定的范围内，则报警恢复。

轨道电压和移频接收区分调整和分路报警，轨道相位角仅在调整状态报警，道岔表示电压中：定位电压对应定位状态，反位电压对应反位状态。

2. 轨道长期占用报警（暂按占用超过72 h后报警）

轨道长期占用报警主要针对站内区段。

（1）报警条件：轨道连续占用72 h后开始报警，之后每隔24 h循环报警一次。

（2）恢复条件：报警发生之后，轨道出清，立刻报警恢复。

3. 监测系统与计算机联锁、TDCS/CTC、列控中心、ZPW2000、智能电源屏（UPS）、智能灯丝等系统通信接口故障报警

（1）报警条件：集中监测与对应智能系统通信中断时，则报警。

（2）恢复条件：报警发生后，通信恢复则报警恢复。

（3）监测系统与采集机、智能采集器通信故障报警。

4. 采集机报警

报警条件：集中监测与对应采集机通信中断时，则报警。

恢复条件：报警发生后，通信恢复则报警。

5. 智能采集器报警

智能采集器报警由对应的智能采集器以开关量报警的方式发送给集中监测系统。

报警条件：报警开关量状态成立时，则报警。

恢复条件：报警发生后，报警开关量状态消失，则报警恢复。

（四）预　警

设备正常工作，但出现趋势性的性能劣化时预警。如模拟量变化趋势预警、道岔运用次数超限预警等。

预警显示为蓝色。预警信息通过网络上传到车间或工区终端。

报警及恢复条件：

1. 各种设备模拟量变化趋势、突变、异常波动预警

（1）变化趋势预警：

预警条件：模拟量平均值在一段时间内（7 天），变化幅度超过一定数值，则认为趋势变化报警。无恢复条件。

（2）突变预警：

预警条件：模拟量突然变化（3 s 内），变化幅度超过一定数值，且不超过上下限，则报突变预警。无恢复条件。

（3）异常波动预警：

预警条件：模拟量日报表中，当天最大值与最小值差距超过一定数值时，则报异常波动预警。无恢复条件。

2. 道岔运用次数超限预警

预警条件：累计道岔运用的次数，当大于等于设定的次数限制时，则预警提示。

（五）预报警及事件管理

（1）系统根据用户权限及角色不同，通知相应的预报警至该用户；角色与通知预报警的关联可动态配置。

（2）系统对预报警形成 24 h 维护分析报告，提供维修指导建议；应对预报警形成 30 日维护分析报告，提供维修指导建议。

（3）系统具备预报警的整合功能，可实现具备因果、主从、归并关系的预报警整合查看功能。

（4）系统具备预报警的屏蔽功能，可实现未启用设备、不合格设备等的预报警屏蔽。

（5）系统提供预报警时段相关信息展示功能，应包括处所定位、维护建议、可能原因、处理流程、电气特性曲线、关键参数曲线、关联设备采集曲线等信息。

（6）系统具备历史预报警查询和导出功能，能以时间段、设备类型、预报警类型、处理人、处理状态进行查询并导出。

（7）系统能持续跟踪设备预报警，可根据预报警的频度、持续时间动态提升预报警等级。

（8）系统对预报警关联数据进行全寿命周期存储，并根据需要上传各层中心服务器。

（9）系统能通过再现回放工具实现预报警存储数据的离线播放及显示。

（10）系统应能自定义预报警相关参数，包括预报警级别、相关阈值、延迟时间、语音报警参数等。

三、安全监督及智能诊断功能

（一）信号子系统安全监督

监测系统通过对信号子系统接口间的关键数据进行数据比对及逻辑分析，实现安全风险提示，起到安全监督作用。监测系统能校核各信号子系统间同源信息的一致性，能校核各信号子系统间逻辑关系的一致性，能检查信息在各信号子系统间流转的闭环性。

1. 地面信号子系统接口信息比对

地面信号子系统包括车站联锁系统、列控中心、轨道电路、RBC 系统、TSRS、CTC 系统。分析内容如下：

（1）区段占用信息一致性比对：联锁系统、列控中心、轨道电路、RBC 系统、CTC 系统；

（2）联锁进路与 RBC 系统接收 SA 一致性比对；

（3）联锁进路与 RBC 系统 MA 逻辑一致性比对；

（4）列控中心进路信息和联锁进路信息一致性比对；

（5）车站联锁执行列控中心进站信号机降级命令一致性比对；

（6）列控中心码序与联锁信号逻辑一致性比对；

（7）各子系统间连接状态综合比对：联锁系统、列控中心、轨道电路、RBC 系统、TSRS、CTC 系统；

（8）相邻站列控中心方向一致性比对；

（9）列控中心与联锁线路方向信息一致性比对；

（10）列控中心邻站邻接区段占用逻辑一致性比对；

（11）区间信号机与区间方向的逻辑一致性比对；

（12）其他一致性比对。

2. 车地信息联合比对

（1）车载接收低频和轨道电路发送低频比对；

（2）车载接收应答器报文和地面应答器报文比对；

（3）车载 MA 和地面区段占用比对；

（4）车载 MA 范围内有地面禁止信号；

（5）RBC 发送的 MA 与车载 ATP 接收的 MA 一致性比对；

（6）C2 限速命令闭环检查：分析 CTC 系统、TSRS、列控中心、ATP 限速命令传输过程；

（7）C3 限速命令闭环检查：分析 CTC 系统、TSRS、RBC 系统、ATP 限速命令传输过程；

（8）其他一致性比对。

（二）信号设备智能诊断

监测系统实现自动分析采集及接口数据的功能。在设备存在隐患时，提前发现设备隐患；在设备故障时，诊断定位故障范围及原因。

1. 道岔转辙机分析

报警：

（1）道岔操纵后失去表示：室内外故障判断；

（2）道岔未操纵失去表示：室内外故障判断；

（3）道岔挤岔。

预警：

（1）道岔动作曲线异常：异常原因分析；

（2）道岔表示电压异常：异常原因分析；

（3）道岔动作次数超限预警；

（4）模拟量超限预警；

（5）DBQ 输出电压异常。

2. 轨道电路分析

1）25 Hz 相敏/交流连续式轨道电路

报警：

（1）故障红光带：室内外故障判断；

（2）大面积红光带：室内外故障判断。

预警：

（1）轨道调整电压异常：异常原因分析；

（2）相邻区段轨道电压同时下降；

（3）轨道分路不良；

（4）模拟量超限预警。

2）站内一体化 ZPW-2000 轨道电路

报警：

故障红光带：室内外故障判断。

预警：

（1）功出电压异常；

（2）接收入口主轨电压异常：异常原因分析；

（3）相邻区段轨道电压同时下降；

（4）轨道分路不良；

（5）模拟量超限预警。

3）区间轨道电路分析

报警：

（1）故障红光带：室内外故障判断；

（2）区间占用异常：原因分析。

预警：

（1）功出电压异常；

（2）接收入口主轨电压异常：异常原因分析；

（3）区间轨道分路不良；

（4）室外引接线电流异常；

（5）模拟量超限预警。

3. 信号机及进路分析

报警：

（1）列车信号非正常关闭：原因分析；

（2）列车信号不能开放分析：原因分析。

预警：

（1）信号机 1DJ、2DJ 电流异常：异常原因分析；

（2）模拟量超限预警。

4. 电源设备分析

报警：

（1）UPS 正在放电报警；

（2）UPS 逆变器故障报警；

（3）外电网断电、瞬间断电、断相、错序报警；

（4）电源屏接口报警。

预警：

（1）外电网、电源屏输入/输出、UPS 输入/输出、电池模拟量异常变化预警；

（2）外电网、电源屏输入/输出、UPS 输入/输出、电池模拟量超限预警。

5. 安全数据网设备分析

（1）安全数据网故障导致列控中心与联锁连接中断；

（2）安全数据网故障导致列控中心与邻站列控中心连接中断；

（3）安全数据网故障导致列控中心与 TSRS 连接中断；

（4）安全数据网故障导致联锁与 RBC 连接中断。

6. 自诊断设备报警

车站联锁、列控中心、车站 TDCS/CTC、ZPW-2000 系列、智能电源屏、道岔缺口监测、智能灯丝监测、区间综合监控系统、中心 TDCS/CTC、RBC、TSRS、安全数据网管系统、DMS、LMD、机车信号远程监测系统等应具备自诊断功能，自身设备状态报警及业务报警按要求送至集中监测系统。

7. 其他

外电网综合质量分析；道岔工况分析。

（三）综合统计及预测分析

1. 整合分析

（1）对存在因果关系的报警信息进行整合，并提示出根源性的报警；

（2）对存在从属关系的报警信息进行整合，并通过主从关联层次关系展示出报警；

（3）对存在归并关系的报警信息进行整合，并将多条报警归并为一条报警进行提示。

2．质量分析

（1）可根据单个设备电气特性模拟量、状态量及器材不良情况为单个设备生成质量评价指标、趋势曲线，该质量指标作为设备维护的参考依据；

（2）可针对每种设备类型生成总质量评价指标、趋势曲线、占比分析，为电务维护决策提供依据；

（3）可针对各线路、车站管内设备生成总质量评价指标、趋势曲线、占比分析，为电务维护决策提供依据；

（4）可针对国铁集团公司、局集团公司、站段、车间管内设备生成总质量评价指标、趋势曲线、占比分析，为电务维护决策提供依据。

3．处理情况与原因综合分析

针对不同的报警设备、报警类型等条件进行报警原因方面的分析，记录人工的分析结果，积累报警产生的条件和产生原因的关键特征，通过不断地学习与积累，用于辅助人工分析，提高分析工作效率等。

针对报警设备、报警类型，以及报警产生时的相关参数指标，所采取的处理方法、处理效果的情况分析，对分析结果进行自学习，形成类似的处理经验案例，用于日后类似报警的处理建议和方法指导。

4．同比环比分析

在报警类型、报警原因、报警数量、管界范围等方面，对同比与环比两类指标方面进行对比分析和趋势分析，并生成相关的图形化图表等。

5．辅助人工分析

（1）根据人工设置的波动范围等分析参数，自动筛选满足条件的模拟量曲线片段，为现场用户提供有针对性的调阅，提高人工分析效率。

（2）根据轨道电路的类型、载频、区段长度等，依据调整表自动生成每个轨道电路的参数信息，进而使用这些参数信息对轨道电路的运用状态进行分析。

任务三　安全技术要求认知

一、信号集中监测系统采集安全总体要求

（1）信号集中监测系统的电磁兼容措施应符合 GB/T 24338.5 的相关要求，防雷应符合 TB/T 3498 的相关要求。

（2）道岔表示电压采集器应靠近采集点就近安装于组合架（柜）上，经隔离转换后再传回监测机柜，采集器外壳和封装采用符合标准 GB/T 7417—2010 的铁路信号专用继电器外壳和底座。内部器件应对地绝缘（大于 25 MΩ）。

（3）从采集器（板）采样端子引入内部母板之间的引线应采用高温阻燃线（耐高温 200 ℃）。

（4）采集器（板）应符合 GB/T 5169.10—2017 中阻燃要求。

（5）采集板或采集器电路板焊盘之间的距离符合 EN50124-1 的规定，电路板的布线严格遵照电磁兼容的设计准则，高压部分与低压部分走线区域严格区分，一次侧额定电压在 24～110 V 时，输入端走线间隔（包括线与线，线与焊盘，焊盘与焊盘）至少 2 mm，一次侧额定电压在 110～380 V 时，输入端走线间隔至少 3.04 mm，一次侧额定电压在 380 V 以上的走线间隔至少 6.1 mm；如不能满足上述走线间隔要求，应开隔离槽进行防护。

（6）采取如下措施保证电压采集器或采集板内部输入与输出之间、输入与电源之间的耐压符合标准要求。

① 在输入端加入熔丝，当输入电压超出额定输入 3 倍以上且电流大于 200 mA 时，输入回路高低端之间的保险丝断开，对外呈现断路状态。道岔表示电压采集要求是：当输入信号大于 AC 3 000 V 且电流大于 200 mA 的强电流，输入回路高低端之间的保险丝（输入高低端分别有保险丝）断开，对外呈现断路状态。输入只采用高阻隔离方式应被禁止。

② 采集器（板）的采样输入端与输出端之间应采用电压互感器、线性光耦或 DC/DC 变压器等隔离措施，确保内部器件故障不反向传递到输入端；隔离电压标准应达到 DC 2 500 V，在采集器的工作电源处要求串入保险丝。

二、网络与信息安全要求

（1）监测系统应采用适当的安全技术建立保密安全屏障和管理措施，确保监测系统网络和信息的安全。

（2）监测系统网络不应与公共互联网联通。

（3）监测系统在设计中应考虑网络安全性，在国铁集团、局集团公司中心机房内应综合采用 IP 地址过滤、防火墙、网络边界安全防护和入侵检测等技术。

（4）监测系统在网络各个计算机节点上应安装网络版病毒查杀软件，对系统中的计算机进行实时的病毒检测和清除。后期的病毒升级和维护工作定期完成。

（5）监测系统应实施信息资源的分级、分类管理，保证信息和数据的完整性、可靠性和不可更改性。

（6）监测系统应采用用户身份认证等机制保证连接用户身份的合法性，并对重要信息进行跟踪和加/解密管理。

（7）调试设备接入监测系统网络时，应使用为调试分配的专用 IP 地址，并经过防病毒服务器杀毒软件检查。

三、数据采集要求

（1）采集机或采集器（板卡）应具有良好的可靠性和实时性，并具备抗干扰及自检、自诊断能力。

（2）采集设备应采用高可靠的开关量和模拟量采集器件，并且具备模块化、自诊断等特性，方便实现系统的扩容和维护。

（3）采集设备与被测设备之间应有良好的电气隔离措施，任何情况下不应影响被监测设备的正常工作。

（4）采集信息应做到与其他系统互通互联，资源共享；接口可采用 RS232、RS422/485、CAN 或以太网方式，并具有隔离措施。

（5）电路板的布线严格遵照电磁兼容的设计准则：高压部分与低压部分走线区域严格区分，确保安全距离。

（6）采集设备的电路板、接插件、关键芯片应进行可靠性和可维修性设计。

（7）单块高压模拟量采集器和采集板卡的采集容量不应多于 8 路。

（8）采集设备的电路板、面板、组合、机柜尺寸应符合 Q/CR 425—2014 的相关规定。

（9）采集设备对被测对象的数据采集一定要满足完整性、准确性、安全性的要求。

（10）电压采集传感器输入阻抗应足够大，使用冗余组合方式设计，确保取样电流不大于 1 mA。

（11）采集传感器测试采样应符合相关技术条件的要求，误差计算采用"引用误差"的方式，（电缆绝缘测试采用"相对误差"）；采集传感器经过标准计量器具校核后，应保证一年内精度指标满足相关标准的要求。

四、监测项目的安全等级

监测系统实现了对电源屏、轨道电路、道岔、信号机等信号设备的监测，将这些采集项目分成三个安全等级。

（一）第一等级的采集项目

第一等级的采集项目：是直接与分线盘相连的电压采集项目，且信号设备本身没有防护措施，安全性要求最高。这些采集项目有道岔表示电压、绝缘测试（道岔部分）。

（二）第二等级的采集项目

第二等级的采集项目：与被监测设备直接连接，但信号设备本身具有防护措施，属于室内采集项目的，其安全性要求次之。这类项目有：

（1）外电网输入相电压、线电压；

（2）电源屏输入电压、电源屏输出电压；

（3）电源对地漏泄电流测试；

（4）交流连续式轨道电路轨道继电器交流电压、直流电压；

（5）25 Hz 相敏轨道电路电压；

（6）高压不对称接收端波头、波尾有效值电压，峰值电压，电压波形；

（7）移频电码化和移频发送、接收电压；

（8）半自动闭塞线路电压监测；

（9）站间联系电压；

（10）防灾异物侵限电压；

（11）交流转辙机动作功率；

（12）电缆绝缘测试（不含道岔电缆）；

（13）6502 站 SJ 封连报警。

（三）第三等级的采集项目

第三等级的采集项目：实施可靠的监测项目，实现方案比较成熟，基本采用半组接点、电流互感器采样或全空接点（光耦隔离）采样，不存在安全性问题。这类项目有：

（1）外电网输入电流（监测自采集）；

（2）电源屏输出电流（监测自采集）；

（3）智能电源屏接口而来的电源屏输出电压、电流；

（4）驼峰 JWXC-2.3 轨道继电器工作电流；

（5）计算机连锁、列控中心、TDCS/CTC、智能电源屏、ZPW2000、有缘应答器、计轴、环境监测等接口；

（6）直流转辙机动作电流（包括驼峰 ZD7、ZK4）；

（7）交流转辙机动作电流；

（8）列车信号机点灯回路电流；

（9）半自动闭塞线路电流；

（10）环境监测各模拟量和开光量；

（11）1DQJ 状态采集；

（12）熔丝报警采集；

（13）控制台按钮和表示灯采集。

五、接口安全隔离要求

监测系统与各电务设备及系统进行接口时，应保证监测系统不影响各电务设备及系统正常运行。保证不通过监测系统入侵各电务设备及系统；保证病毒不通过监测系统传播至电务设备及系统；保证实现接口的设备是经过认证的可控设备；保证监测系统不将各电务设备及系统的涉密敏感数据外泄。

监测系统接口分成信息输入接口、信息输出接口。信息输入接口按业务安全等级分为行车维护类、车载信号监测类。

1. 行车维护类系统接入隔离

行车维护类系统包括 TDCS/CTC 系统、RBC 系统、TSRS、信号安全数据网管系统。上述系统及网络的安全等级高于监测系统。

监测系统从高安全等级系统接入数据时应按图 1.3.1 所示方式隔离：在监测系统服务器与高安全等级系统间依次部署接口设备及单向物理隔离光闸，从物理层保证信息只能从高安全等级系统单向输出至监测系统，监测系统无法回传信息至高安全等级系统。

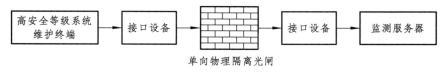

图 1.3.1　行车维护类数据接入隔离

2. 车载信号监测类系统接入隔离

车载信号监测类系统包括 DMS、LMD 系统、机车信号远程监测系统。车载数据通过 GSM-R 网或者公网下送至地面服务器设备，监测系统与其地面服务器进行接口获取车载信号监测数据。监测系统从车载信号监测系统接入数据时应按图 1.3.2 所示方式隔离。

（1）车载信号监测数据通过公网传输时，必须经国铁集团或局集团公司 MTUP 平台隔离后传入铁路办公网内的地面服务器设备。公网与铁路办公网的安全隔离由 MTUP 平台保证。

（2）监测系统只与车载信号监测系统局集团公司地面服务器接口，在监测系统服务器与车载信号监测系统局集团公司地面服务器间依次部署接口设备及隔离网闸。监测系统应用层只从车载系统接收数据，不回送数据至车载信号监测系统。

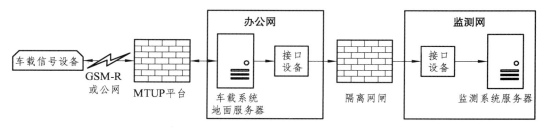

图 1.3.2　车载信号监测类数据接入隔离

3. 对外输出安全隔离

在监测系统服务器与外部业务系统间依次部署接口设备及隔离网闸，如图 1.3.3 所示。监测系统应用层只将数据输出至外部业务系统，而不从外部业务系统接收数据。

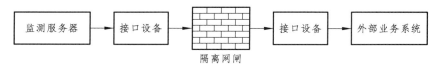

图 1.3.3　对外输出安全隔离

六、其他技术要求

（1）监测系统应实现不同厂家间的互联互通。

（2）监测系统供电电源应与被监测对象电源可靠隔离。

（3）监测中心机房应采用两路可靠 380 V 电压供电，其容量不应少于交流 30 kV·A；经在线式 UPS 转换隔离后给设备供电，国铁集团中心容量不低于 10 kV·A，局集团公司中心容量不低于 30 kV·A，UPS 容量应能保证交流电断电后维持监测系统可靠供电 10 min 以上；站机电源采用工频单相交流供电，应从电源屏两路转换稳压后经纯在线式 UPS 引入，其容量不低于 2 kV·A；UPS 容量应能保证交流电断电后维持监测系统可靠供电 10 min 以上。

（4）监测系统中的计算机设备场地应符合 GB/T 2887—2011《计算机场地通用规范》的要求。

（5）设备、电源、通道防雷应满足 TB/T 3074—2017 的相关规定。

（6）系统接地要求：

① 监测系统地线应利用信号设备房屋共用接地装置。

② 信号设备房屋未设置共用接地装置的，监测系统应设置两个接地体，即设备保护接地

体和设备防雷接地体，两种接地体的间隔应在 20 m 以上；两个接地体之间不应互相连通；设备保护地接地电阻不大于 4 Ω，设备防雷地接地电阻不大于 10 Ω。

（7）设备正常运行适应的环境技术指标：

① 工作温度：0 ~ 40 ℃；

② 相对湿度：不大于 90%RH；（室温+25 ℃）；

③ 海拔高度：不超过 2 500 m。

（8）设备绝缘电阻、耐压指标：

① 在设备适用环境条件下，设备绝缘电阻：不小于 25 MΩ；

② 在设备适用环境条件下，道岔表示电压智能采集传感器设备绝缘耐压不小于 AC 3 000 V，其他设备绝缘耐压不小于 AC 1 200 V。

（9）系统可靠性：系统主要设备的平均无故障工作时间（MTBF）不小于 10 000 h。

任务四　上层子系统的应用

一、国铁集团层监测子系统

国铁集团层监测子系统配置通信前置服务器、应用服务器、数据库服务器、存储设备、网络设备、电源设备、防雷设备、维护工作站。

通信前置服务器与国铁集团应用服务器、各局集团公司应用服务器建立通信连接并进行数据交换，时间同步。

应用服务器与国铁集团终端、通信前置服务器建立通信连接并数据交换，响应国铁集团终端请求，并前往对应局集团公司应用服务器获取数据，完成跨局的调阅展示、统计分析功能。

数据库服务器，完成关键报警、预警、统计、报表、报告、案例、经验值、处理记录信息存储；完成关键开关量、多状态量、模拟量、曲线信息存储。

监测终端可以调看全路的联网车站，实时查看车站信号设备的工作状态，回放站场存储信息和报表信息，显示车站的报警信息，并提供系统运行日志、车站机运行日志查询。数据处理及授权终端根据需要向所辖站机发送控制命令。

二、局集团公司/电务段层子系统

局集团公司监测子系统位于电务段监测子系统的上层，给各级电务管理者提供监视功能，还实现了其所属各电务段监测子系统上传信息的汇总和标准化处理，作为信号设备维护指挥的依据，通过专线通道、数据网链路、路由器和铁路国铁集团监测子系统建立远程连接，进行信息交换。该子系统配置有应用服务器、监测终端和维护工作站。

电务段监测子系统是整个信号集中监测系统的核心，处于"承上启下"的位置。电务段中心配置包括通信前置机、应用服务器、接口服务器、网管服务器、数据库服务器、时钟服务器在内的服务器集群和调度终端、试验室终端、维护工作站等设备，实现其所属车站的监测信息的汇总存储、综合调阅等功能，并实现与其他系统在电务段中心层的互联，从而为各级领导的决策提供真实可靠的信息。

电务段中心重要的服务器（包括通信前置机、应用服务器、数据库服务器）都采用双机热备的冗余技术，以保证监测系统的高可用性。电务段监测子系统功能的不断丰富和发展，提高了监测系统的可靠性、稳定性、安全性和抗干扰能力，改善了监测系统的接入能力，逐步实现了信号维护工作的现代化和智能化。

车间终端和工区终端通过电务段应用服务器进行车站采集数据的调阅、分析和处理，车间终端和工区终端调阅功能一样，但管辖的范围不同，一个工区终端只能查看本工区所管辖的车站；车间终端管辖几个工区，能够查看所管辖工区内的所有车站信息。

1. 通信前置服务器的功能

（1）与所辖监测站机、监测终端等节点建立通信连接，进行网络通信和数据交互，并实现数据流调度和信息路由等功能，同时实现站机和终端软件的自动升级功能；

（2）管理应用服务器与站机之间有关命令和响应数据的转发；

（3）均衡负载，自动切换管辖车站。

2. 应用服务器的功能

（1）对所辖终端、数据库服务器、通信前置服务器数据处理及转发；

（2）车站实时数据分发处理；

（3）负责终端与站机之间有关命令和响应数据的转发；

（4）负责终端与数据库服务器之间的数据传输；

（5）负责终端与网管服务器之间的数据传输；

（6）网络通信时数据的压缩/解压缩传输；

（7）向所辖车站站机或终端机发送控制命令。

3. 综合分析服务器的功能

实现中心层安全监督及智能诊断功能。

4. 数据库服务器的功能

（1）对实时类数据进行滚动管理，包括开关量、多状态量、模拟量、曲线等数据（至少存储1年）；

（2）对报警、统计、事件类数据进行全寿命周期存储，包括报警、预警、浏览记录、统计、报表、报告、案例、经验值、处理记录；

（3）存储应用服务器处理并转发的相关数据；

（4）响应应用服务器传输的读取历史数据的命令，并将响应的历史数据传回应用服务器。

5. 网管服务器的功能

管理并显示管辖范围内所有站机、终端、服务器、网络设备等监测自身设备的状态。

6. Web 服务器的功能

提供 Web 浏览服务功能，主要包括实时报警及历史报警查询、报警信息处理情况录入、报警信息分析统计，实现用户登录、修改配置等权限管理功能。

7. 防病毒服务器的功能

（1）监测系统所有站机及终端统一从防病毒服务器下载并安装杀毒软件；

（2）定时对所辖站机和终端进行病毒包升级的功能；

（3）显示各个站机、终端等节点防病毒软件版本状况、病毒库升级情况及病毒库版本。

8. 时间服务器的功能

时间服务器从 TDCS/CTC 系统获取标准时间并符合 TB/T 3283—2015 有关规定，为管辖范围内的站机和终端、服务器提供标准时间源，并对所辖各个节点定时同步时间。

9. 接口服务器的功能

完成监测系统与其他系统间的数据交互，要求如下：

（1）连接方式采用网络连接或 RS-422 连接，当使用网络连接时，接口服务器和其他系统间应采取网络安全防护和隔离措施，每接口独立设置接口服务器；

（2）按通信协议与其他系统实现数据和信息的交换；

（3）将监测系统信息传输给其他系统；

（4）将其他系统的信息传输给监测系统应用服务器。

10. 维护工作站的功能

（1）远程配置功能：

① 实现远程配置相应服务器的功能；

② 实现远程配置监测站机参数的功能；

③ 实现远程维护网管服务器的功能；

④ 实现远程维护防病毒服务器的功能。

（2）网络拓扑图状态管理：

① 在网络拓扑图上动态、实时地监视网络节点的工作状态，网络节点包括计算机、路由器、交换机等；

② 在网络拓扑图上动态、实时地监视网络通道状态；

③ 在网络拓扑图上动态反映网络节点单元的报警，通过声音、拓扑图颜色变化来反映当前网络的报警信息；

④ 在网络拓扑图上可动态反映网络节点设备的配置情况。

（3）其他网管功能：

① 支持对系统中主要设备的软硬件配置管理，包括机器名、设备类型（主机、工作站、交换机、网络打印机等）、IP 地址、硬件配置描述、操作系统类型及版本、软件模块配置及版本情况等信息；

② 可以外挂专门的网络拓扑图绘制工具，便于用户定制、修改网络拓扑图；

③ 网管系统采用全中文界面。

11. 监测终端的功能

监测终端包括工区终端、车间终端、电务段调度终端、电务段试验室终端、电务段其他相关终端、局集团公司终端、国铁集团终端等。

（1）显示功能：

终端的显示功能与车站站机显示功能类似，终端除具备车站单站信息调阅功能外，还应具备跨站综合调阅、车地综合调阅、中心车站综合调阅功能。

① 提供车地数据的综合展现功能；

② 提供信号设备间连接关系图；

③ 提供跨站点、跨系统的信息综合查询功能；

④ 可显示所辖中间站和中继站的区段画面；

⑤ 可显示管辖范围内的管辖示意图，示意图中可显示各站点、列车的状态；

⑥ 具备管辖范围内站点的综合报警统计功能。

（2）系统管理功能：

① 终端的系统管理功能与车站站机类似；

② 在具备权限的终端，可实现跨站点的系统维护管理；

③ 终端具备登录权限功能，根据不同权限角色展示不同的功能。

（3）数据处理及控制功能：

① 登录服务器，选择监测车站；

② 图形、曲线及各类报表的打印管理及导出；

③ 回放文件的管理与导出；

④ 授权监测终端根据需要向所辖站机发送控制命令，如向所辖站机发送空调等远程控制命令等。

（4）其他功能：

远程进行天窗修作业管理，实现检修时报警的屏蔽处理；电务维修智能分析及辅助决策。

三、局集团公司/电务段层监测子系统接口

局集团公司/电务段层监测子系统与 TDCS/CTC 中心系统、RBC 系统、TSRS、信号安全数据网管系统、DMS 系统、LMD 系统、机车信号远程监测系统等进行接口，获取各系统的报警信息及关键数据。局集团公司/电务段层监测子系统应预留与其他相关系统接口。

（一）TDCS/CTC 中心系统接口

监测 TDCS/CTC 中心系统内容：

（1）数据信息：列车运行位置信息等。

（2）设备状态信息：包括计算机设备的 CPU 使用情况、硬盘使用情况、内存使用情况等，网络设备状态等。

（3）系统报警：一般系统报警、系统错误、网络故障、自律机与计算机联锁通信故障、自律机采集设备故障、自律机与列控中心通信故障、其他串口设备故障。

（4）C3 列车信息：RBC 提供的列车唯一标示号、列车所属 RBC 编号、RBC 名称、车次号、列车长度、最大速度、车载运营模式、CTCS 等级、速度、位置有效性、紧急停车、列车运行方向、列车所在站站码、列车位置信号机名称等。

（5）限速信息：限速原因、命令号、站号、线路号、开始公里标系、开始公里标值、结

束公里标系、结束公里标值、开始时间、结束时间、限速值、调度台号、限速命令状态等。

（6）接口方式：与独立的 TDCS/CTC 接口机之间通过 RJ45 方式接口，TDCS/CTC 接口机经单向物理光闸隔离后推送信息至 CSM。

（7）通信要求：监测接口服务器与 TDCS/CTC 接口机通信，要求 TDCS/CTC 系统对各类信息主动发送，并保持数据的实时性、连续性、有效性。

（二）RBC 接口

1. 监测 RBC 内容

（1）RBC 设备工作信息：内部设备状态及对外接口状态，包括 ISDN 连接状态、与 CTC 通信状态、与联锁通信状态、与 TSRS 通信状态、与其他 RBC 设备通信状态。

（2）RBC 设备报警信息：由 RBC 内部诊断设备报警。

（3）列车信息：列车 ID、车次号、列车当前状态、列车速度、列车位置信息、行车许可信息（MA）等。

（4）联锁发送给 RBC 的信息：包括信号授权 SA、数据版本等原始信息。

（5）临时限速状态信息：临时限速编号、限速状态、限速值、限速原因、调度命令号、线路号、受令车站号、起点里程标、终点里程标等。

2. 接口方式

与独立的 RBC 维护终端之间通过 RJ45 方式接口，RBC 维护终端经单向物理光闸隔离后推送信息至 CSM。

3. 通信要求

监测接口服务器与 RBC 维护终端通信，要求 RBC 系统对各类信息主动发送，并保持数据的实时性、连续性、有效性。

（三）TSRS 接口

1. 监测 TSRS 内容

（1）TSRS 工作信息：主/备机状态、与 CTC 系统时间同步状态、内部通信接口状态、与外部通信接口状态信息。

（2）TSRS 报警信息：TSRS 与 CTC 通信中断、TSRS 与 TCC 通信中断、TSRS 与 RBC 通信中断、TSRS 与相邻 TSRS 通信中断、CTC 返回限速命令操作命令有误等。

（3）重要记录信息：

① TSRS 与 CTC 接口信息：TSR 拟定命令、TSR 验证命令、TSR 执行命令、TSR 删除命令、CTC 时间信息、临时限速状态初始确认命令、TSR 状态、TSR 的 TCC/RBC 执行状态、TSR 错误回执、初始化错误回执、TSRS 工作状态信息、TSRS 命令统计信息。

② TSRS 与 RBC 接口信息：TSR 验证命令、TSR 执行命令、线路限速状态初始确认命令、TSR 状态、TSR 错误回执。

③ TSRS 与 TCC 接口信息：TSR 验证命令、TSR 执行命令、线路限速状态初始确认命令、边界 TSR 错误回执、TSRS 时间信息、TSR 状态、TSR 错误回执、请求验证边界 TSR 命令、

请求执行边界 TSR 命令。

④ TSRS 和相邻 TSRS 接口信息：TSR 请求响应命令、TSR 综合成功回执、TSR 错误回执、TSRS 间状态检测报告。

2. 接口方式

与独立的 TSRS 维护终端之间通过 RJ45 方式接口，TSRS 维护终端经单向物理光闸隔离后推送信息至 CSM。

3. 通信要求

监测接口服务器与 TSRS 终端通信，要求 TSRS 对各类信息主动发送，并保持数据的实时性、连续性、有效性。

（四）信号安全数据网管接口

1. 监测信号安全数据网管内容

（1）网络设备报警：

① 紧急报警：设备通信异常报警、电源报警、温度报警、IP 冲突报警、MAC 地址冲突报警。

② 主要报警：端口报警、环网断开报警、端口流量异常报警、误码率报警、丢包率报警、信息传输延时报警。

③ 次要报警：CPU 利用率报警、内存利用率报警、光功率报警。

（2）网络设备状态：各网元及其端口的运行状态。

2. 接口方式

与独立的信号安全数据网管终端之间通过 RJ45 方式接口，信号安全数据网管终端经单向物理光闸隔离后推送信息至 CSM。

3. 通信要求

监测接口服务器与信号安全数据网终端通信，要求信号安全数据网系统对各类信息主动发送，并保持数据的实时性、连续性、有效性。

（五）列控系统动态监测系统（DMS）

1. 监测 DMS 内容

（1）状态信息：ATP 工作信息、轨道电路信息、应答器信息等。

（2）报警信息：ATP 报警、应答器报警、轨道电路报警、非正常停车报警等。

2. 接口方式

RJ45 网络接口，采用安全隔离方式；DMS 终端为服务端，监测接口服务器为客户端；连接成功后双方互发心跳信息，超时一定时间后可认为通信中断。

3. 通信要求

当监测接口服务器成功与 DMS 终端建立通信后，要求 DMS 对各类信息主动发送，并保持数据的实时性、连续性、有效性；当双方系统连接发生中断后，DMS 维护终端应对中断后的信息具有缓存及重发功能。

（六）LKJ设备运行状态监测系统（LMD）

1. 监测内容

（1）运行信息：LKJ工作信息、轨道电路信息等；

（2）状态信息：机车运行状态信息、LKJ监控装置状态信息等；

（3）报警信息：LKJ监控装置报警信息等。

2. 接口方式

RJ45网络接口，采用安全隔离方式；LMD终端为服务端，监测接口服务器为客户端；连接成功后双方互发心跳信息，超时一定时间后可认为通信中断。

3. 通信要求

当监测接口服务器成功与LMD终端建立通信后，要求LMD系统对各类信息主动发送，并保持数据的实时性、连续性、有效性；当双方系统连接发生中断后，LMD维护终端应对中断后的信息具有缓存及重发功能。

（七）机车信号远程监测系统

1. 监测内容

（1）多车概要信息：机车是否在线、机车类型、机车号、车次、单位名称、基本/虚拟交路、公里标、灯位、绑定状态、DTU编号等。

（2）机车事件：事件名称、事件等级、机车类型、机车号、车次、单位名称、服务器时间、机车时间、基本/虚拟交路、公里标、速度、DTU编号。

（3）机车实时信息：轨道电压、幅度、载频信息、低频信息、信号机、车站、公里标信息等。

（4）报警信息：紧急停车、电源异常、主机异常、灯位异常；地面信号突变、信号异常、主机切换；载频超标、低频超标、幅度超标、红灯高速、机车入库提示、时间误差；应答器丢点、未知应答器数据等。

2. 接口方式

RJ45网络接口，采用安全隔离方式；机车信号系统接口程序为服务端，监测接口服务器为客户端；连接成功后双方互发心跳信息，超时一定时间后可认为通信中断。

3. 通信要求

监测接口服务器成功与机车信号接口程序建立通信后，要求机车信号系统对各类信息主动发送，并要保持数据的实时性、连续性、有效性；当双方系统连接发生中断后，机车信号系统应对中断后的信息具有缓存及重发功能。

任务五　车站子系统认知

　　车站监测子系统是信号集中监测系统的基础部分，包括监测站机（工控机、显示器）、采集设备、UPS、现场总线控制模块、组网设备和接口设备等，负责数据的采集、分类、处理和存储，实现车站信号设备和区间信号设备的实时监测、故障分析、诊断和显示、查看及人机对话等功能。

一、监测站机

　　监测站机（简称站机）负责车站层数据采集接入、数据存储、数据分析、数据上送、数据展示。

（一）基本配置

　　集中站站机采用 IPC 工业控制机，四核 CPU、单核主频不低于 2.8 GHz，内存不应低于 16 GB，双硬盘冗余，每个硬盘容量不应低于 4 TB，具备声卡和音箱、打印机等，显示器不低于 19 英寸。

　　中继站站机采用 IPC 工业控制机，双核 CPU、单核主频不低于 2.8 GHz，内存不应低于 2 GB，硬盘容量不应低于 1 TB，显示器不低于 19 英寸。

　　站机内主要的通信板卡介绍如下：

1. CAN 卡

　　CAN 卡是安装在监测站机上的 CAN 总线通信设备，采集机配备 CAN 控制器，站机与采集机用双绞线作总线连接。如图 1.5.1 所示，中断号设置跳线在 CAN 卡右下角。目前微机监测 CAN 卡中断号通常设置为 11，对应的跳线应跳在 IRQ11 上。CAN 中间的地址拨键和右边的通信匹配跳线一般保持默认状态不动。

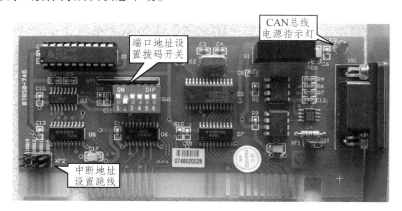

图 1.5.1　CAN 卡

软件方面，站机安装运行 CAN 通信程序，支持 CAN 卡工作，巡回从采集机输入数据或向采集机要数据。CAN 总线为主从应答式结构，分机按主机指令工作，主机向哪个分机要数据，哪个分机便传送数据，其余等待。

2. 摩莎卡

摩莎卡是串口通信卡，常用的摩莎卡为 4 串口卡，其输入有 485 方式和 422 方式两种，可通过板卡上的跳线拨键来设置图 1.5.2 左上角的两组拨键，即用于设置 4 个串口的通信方式，每个串口一个拨键，向上为 485 通信方式，向下为 422 通信方式。监测系统中的站机或通信接口分机中安装摩莎卡，主要用于与其他系统或智能采集单元的通信，如图 1.5.2 所示。

图 1.5.2　摩莎卡

（二）主要功能

站机的主要功能包括：车站信号设备采集信息存储、分析、展示；通过统一的标准接口与计算机联锁、列控中心、TDCS/CTC、智能电源屏、ZPW-2000、智能灯丝、转辙机缺口、区间综合监控、工业空调等设备通信，获取监测信息，并进行存储、分析、展示；实现车站层安全监督及智能诊断功能。

1. 显示及存储

（1）站场图显示：

①统一的站场图显示，统一的菜单设置，CTCS-3 区段显示；

②具备站场图回放功能，站场图能够放大、缩小和全屏显示，能多窗口显示各种数据。

（2）状态图显示：

以图形化界面显示设备状态，可显示到具体板卡，应提供室内外设备状态总图、子系统设备状态图、子系统连接关系图等。

（3）动态逻辑电子图纸功能：

提供设备动态逻辑化电子图纸展示功能，至少包含轨道电路（站内和区间）、信号机、道岔动态电子图纸。

（4）设备综合显示功能：

①提供同一设备的所有采集项在同一界面上综合展现功能；

② 提供不同设备的多个组合采集项在同一界面上综合展现功能；

③ 提供跨系统关联信息的综合展现功能。

（5）设备状态管理：

① 提供设备停用设置功能，通过设置可实现停用设备及其采集信息、预报警的标记及筛选过滤；

② 提供不合格设备设置功能，通过设置可实现不合格设备及其采集信息、预报警的标记及筛选过滤；

③ 提供长期跟踪设置功能，通过设置长期跟踪的设备及其采集信息，可实现对指定项的重点标记及长期跟踪分析。

（6）基础信息显示功能：

① 开关量实时状态显示、历史状态查询显示；

② 模拟量实时值、日报表、日曲线、月趋势、年趋势可按设备分类进行查询显示，并支持跨设备查询；

③ 转辙机动作电流曲线、总功率曲线查询显示；

④ 道岔分表示实时显示、历史查询显示；

⑤ 半自动闭塞电压、电流曲线查询显示；

⑥ 控制台按钮操作记录显示，包括总取消按钮、列调车、破封按钮、故障通知按钮等；

⑦ 电缆绝缘和电源对地漏泄电流的测试表格和变化曲线记录显示，应支持每日多次测试时的测试记录显示。

（7）统计及其他功能：

① 单站关键设备动作次数及时间表，包括转辙机动作次数，转辙机继电器（1DQJ/1DQJF/BHJ）动作次数，破封按钮运用次数，区段占用次数（道岔区段的道岔定/反位分别统计），列车、调车按钮运用次数，故障通知按钮运用次数，列车、调车信号开放次数（各灯位分开统计）等；

② 轨道电路分路残压报表记录；

③ 车站分路不良设置及分路不良显示；

④ 开关量、多状态量、模拟量、曲线、报警、预警、浏览记录、统计、报表、报告、案例、经验值、处理记录信息存储。

2. 系统管理

（1）用户及密码管理，包括用户登录、修改配置、标调、预报警上下限等权限的分级管理；

（2）系统在线自检，记录系统运行日志；

（3）系统工作状态显示，主要包括 CAN 状态图、采集板及部分传感器状态图、各种接口通信状态图等；

（4）系统软件的自动同步升级；

（5）系统自动进行时间同步。

3. 数据处理及控制

（1）配置文件、历史数据的导入/导出；

（2）回放文件的管理与导出，支持离线回放功能；

（3）曲线及各类报表的打印管理和导出曲线另存功能；

（4）授权修改基准参数和报警上下限；

（5）向上层网络（服务器、终端）传送各种实时数据，包括开关量、模拟量、报警、预警及各种状态和系统信息；

（6）选择多路绝缘进行组合测试；

（7）接收并执行上层的命令，根据需要向上层网络传送响应数据。

4. 其他功能

天窗修作业管理及检修时报警的屏蔽处理；电务维修智能分析及辅助决策。

（三）监测系统的电源及接地

1. 监测系统的电源

（1）监测系统供电电源应与被监测对象电源可靠隔离。

（2）监测系统采用工频单相交流供电，电务段（铁路局）机房设备应采用纯在线式 UPS 供电，UPS 容量应能保证交流电断电后维持监测系统可靠供电 10 min 以上。站机电源应从电源屏两路转换稳压后经 UPS 引入，其容量不低于 2.2 kV·A。如工作电源未经 UPS 稳压，监测系统应采用纯在线式 UPS 供电，UPS 容量应能保证交流电断电后维持监测系统可靠供电 10 min 以上。

（3）监测系统中的计算机设备场地应符合相应国家标准的相关要求。

（4）设备、电源、通道防雷应满足国铁集团颁布的有关铁路信号设备雷电及电磁兼容综合防护的相关规定。

2. 监测系统接地要求

（1）监测系统地线应利用信号机械室的接地装置（地网）。

（2）信号机械室未设置地网的，监测系统设置两个接地系统，即设备保护接地系统和设备防雷接地系统，两种地线的间隔距离应在 20 m 以上。两个接地系统之间不得互相连通。设备保护地接地电阻≤4 Ω，设备防雷地接地电阻≤10 Ω，因条件限制以上两组接地不能分开时，可共用一组接地体，接地电阻应小于 1 Ω。

3. UPS

不间断电源（UPS）专门用来防止计算机和其他重要电子设备受到断电、电压变低、突降和电涌的影响。UPS 能通过滤掉电压脉动，并且在大的电压干扰发生时自动断开市电，避免损坏设备。此时 UPS 用内部的电池提供不间断电源直到市电恢复正常为止。

二、车站层监测子系统接口

对于车站层具有自诊断功能的信号设备及系统，包括计算机联锁、列控中心、ZPW-2000、TDCS/CTC、电源屏、灯丝报警系统、转辙机缺口监测系统、区间综合监控系统、工业空调等，监测系统应通过接口方式获取所需的状态信息和报警信息，其接口方式、信息内容、准确性、实时性应符合相关标准。

车站层监测子系统应预留与其他车站信号设备的接口。

（一）计算机联锁接口

采用带光隔的 RS422 接口方式，通信线缆采用双芯 0.4 mm² 对绞屏蔽线。监测站机与计算机联锁维护机通信，用于获取计算机联锁系统的维护开关量信息、报警信息、系统维护信息，如图 1.5.3 所示。

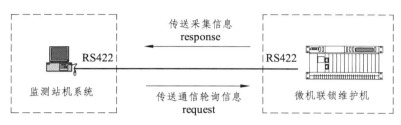

图 1.5.3　计算机联锁接口

1. 站场表示信息

（1）信号机状态：红、单绿、绿黄、单黄、双黄、黄闪黄、引导、双绿、红闪、白灯、蓝灯、白闪、绿闪、黄闪、灭灯、断丝、信号按钮封锁；

（2）道岔状态：定位、反位、道岔单锁、道岔封锁、挤岔；

（3）区段状态：占用、锁闭；

（4）脱轨器状态：定位、反位；

（5）其他表示灯状态：主电源灯、副电源灯、区间监督、接车表示灯、发车表示灯、辅助灯、自律模式、允许转为自控、非常站控、同意动岔灯、邻站照查灯、洗车同意灯、机务段同意灯、信号降级灯、异物侵限表示灯、股道停稳计时灯；

（6）延时信息：信号延时计数信息；

（7）联锁发送给 RBC 的信号授权信息。

2. 按钮状态信息

（1）信号按钮状态：列车按钮、通过按钮、引导按钮、调车按钮、变通按钮、坡道终端按钮、列车终端按钮、调车终端按钮；

（2）道岔按钮状态：定位操纵、反位操纵、单锁、单解、道岔封锁、道岔解封；

（3）区段按钮状态：区段按钮操作状态；

（4）功能按钮状态：X 引导总锁、坡道解锁、总取消、总人解、区故解、总定位、总反位、单锁、单解、按钮封锁、按钮解封、道岔封锁、道岔解封、点灯、灭灯、S 引导总锁、上电解锁等；

（5）其他按钮状态：接车辅助、发车辅助、总辅助、允许改方、计轴停用、计轴使用、计轴复零、闭塞、事故、复原、尖轨故障、心轨故障、切断推送、同意动岔、故障通知等。

3. 设备状态信息

联锁 A 机主用状态，联锁 A 机备用状态、联锁 B 机主用状态，联锁 B 机备用状态、操作机工作状态、联锁机板级（采集板、驱动板等）故障状态（板卡区分 A 机板卡，B 机板卡）。

4. 报警信息

（1）联锁设备报警信息：操作表示 A 机与联锁机通信中断、操作表示 B 机与联锁机通信中断、维修机与操作 A 机通信中断、维修机与操作 B 机通信中断、道岔挤岔、继电器驱采不一致、信号非正常关闭；

（2）通信接口报警信息：与 TCC 通信中断、与 CTC 通信中断、与 RBC 通信中断、与邻站联锁通信中断、与编组站综合自动化通信中断；

（3）其他报警信息：轨道停电、主灯丝断丝、熔丝报警、站内移频报警、安全线道岔不在定位、中岔不在定位等。

5. 预警信息

（1）联锁设备：内部通信局部故障、联锁设备局部故障；

（2）通信接口：与 TCC 通信局部故障、与 CTC 通信局部故障、与 RBC 通信局部故障、与邻站联锁通信局部故障、与编组站综合自动化通信局部故障；

（3）区间设备：区间设备故障（区间电源屏故障、区间移频故障、中继站电源屏故障、中继站熔丝故障等）。

（二）列控中心系统接口

与独立的列控中心维修机之间通过 RJ45 方式接口，如图 1.5.4 所示，其 IP 地址由监测系统统一分配。列控中心维修机侧增加隔离措施及防病毒措施，确保运行稳定。防病毒软件在新建工程实施时与监测系统统一规划、统一实施、统一升级。

图 1.5.4　列控中心系统接口

1. 列控平台设备工作状态和系统通信接口状态

（1）各类硬件板卡状态；

（2）TCC 与各子系统（联锁、CTC、TSRS、邻站 TCC）通信接口状态。

2. 列控业务接口信息

（1）与联锁接口进路、改方命令、改方回执、信号降级；

（2）CTC/TSRS 接口临时限速；

（3）邻站 TCC 边界、改方命令、改方回执；

（4）区间区段：空闲、占用状态；

（5）区间线路方向状态、站内区段方向状态、灾害防护继电器状态；

（6）区间信号点灯状态：灭灯、红灯、绿灯、黄灯、绿黄；

（7）区段占用逻辑检查状态；

（8）区段 SA 状态信息；

（9）区间方向口占用检查状态；

（10）发送给联锁的信号降级命令；

（11）发送给联锁无配线站的区间方向口信息。

3．列控控制输出结果信息

（1）轨道电路编码；

（2）有源应答器报文编码；

（3）继电器驱动输出（方向驱动、区间点灯驱动）。

4．列控维护报警信息

（1）硬件平台各板卡故障报警；

（2）A/B 机工作异常报警；

（3）A/B 机主备状态及同步状态；

（4）与联锁接口报警、与 TDCS/CTC 接口报警、与邻站列控中心接口报警、与 ZPW-2000 接口报警、与 LEU 接口报警、LEU 应答器异常报警、区间逻辑检查报警。

（三）ZPW-2000 系列轨道电路接口

1．ZPW-2000 系统轨道电路维护机接口

监测系统站机与 ZPW-2000 维修终端之间通过 RJ45 方式接口，如图 1.5.5 所示，其 IP 地址由监测系统统一分配。ZPW-2000 维修终端侧应增加隔离措施及防病毒措施，确保运行稳定。防病毒软件在新建工程实施时与监测系统统一规划、统一实施、统一升级。

图 1.5.5　ZPW2000 系统维护机接口

（1）客专通信编码 2000 区段主备 CI-TC 轨道电路通信盘：

① CANA、CANB、CANC、CAND、CANE 接口通信状态；

② 通信盘设备工作状态。

（2）客专通信编码 ZPW-2000 区段主备发送器设备：

① CAND、CANE 接口通信状态；

② 设备工作状态（ZFS、BFS）。

（3）客专通信编码 ZPW-2000 区段接收器设备：

① CAND、CANE 接口通信状态；

② 设备工作状态。

（4）既有继电编码 ZPW-2000 区段设备状态：FS24、FBJ、JS24、JBJ、ZFJ、FFJ。

（5）区段占用状态：

① 主轨道状态；

② 小轨道状态。

（6）客专通信编码 ZPW-2000 区段接收 TCC 编码控制命令：

① 主轨道载频编码；

② 小轨道载频编码；

③ 主轨道低频编码；

④ 小轨道低频编码。

（7）维护报警信息：

① CI-TC 通信盘与轨道电路监测维护终端通信中断；

② CI-TC、FS、JS 设备通信接口状态和工作状态异常报警；

③ 小轨道报警、轨道区段报警信息。

（8）模拟量信息：

① 区间移频发送器发送电压、电流、载频、低频；

② 送端电缆模拟网络电缆侧电压、电流、载频、低频；

③ 受端电缆模拟网络电缆侧主轨道电压、载频、低频，小轨道电压、载频、低频；

④ 受端电缆模拟网络设备侧（轨入）主轨道电压、载频、低频，小轨道电压、载频、低频；

⑤ 接收入口（轨出）主轨道电压、载频、低频，小轨道电压、载频、低频；

⑥ 一体化区段工频干扰信息（宜增加）。

（9）采集分机状态信息。

2. 轨道电路诊断主机接口

监测系统站机与轨道电路诊断主机之间通过 RJ45 方式接口，其 IP 地址由监测系统统一分配。轨道电路诊断主机侧应增加隔离措施及防病毒措施，确保运行稳定。防病毒软件在新建工程实施时与监测系统统一规划、统一实施、统一升级。

（1）当系统配置室外采集设备时，系统应具备以下故障分区定位功能：

① 室内发送端方向切换电路区域；

② 发送端模拟网络；

③ 室外发送端电缆通道；

④ 室外发送端调谐区、调谐匹配单元；

⑤ 发送端调谐匹配单元钢轨引接线；

⑥ 主轨线路；

⑦ 接收端调谐匹配单元钢轨引接线；

⑧ 室外接收端调谐区、调谐匹配单元；

⑨ 室外接收端通道；

⑩ 接收端模拟网络；

⑪ 室内接收端方向切换电路区域。

（2）当系统未配置室外采集设备时，应具备以下故障分区定位功能：

① 室内发送端方向切换电路区域；

② 发送端模拟网络；

③ 室外发送端通道；

④ 发送端调谐区；

⑤ 主轨线路；

⑥ 接收端调谐区；

⑦ 室外接收端通道；

⑧ 接收端模拟网络；

⑨ 室内接收端方向切换电路区域。

（四）TDCS/CTC 接口

采用带光隔的 RS422 接口方式，通信线缆采用双芯 0.4 mm^2 对绞屏蔽线。通过 CTC 车站子系统的电务维护终端或车站分机与监测系统的车站机互联实现，如图 1.5.6 所示。原则上 CTC/TDCS 向监测系统提供信息，监测系统不给 CTC/TDCS 提供信息。电务维护终端每隔指定的时间把全部状态信息和报警传输给监测车站机，当电务维护终端的状态信息和报警状态发生变化，则主动发送状态变化信息。

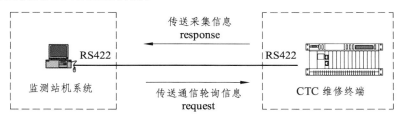

图 1.5.6　CTC 系统接口

（1）TDCS/CTC 站场表示信息。

（2）设备状态：A/B 机标志、与联锁通信状态、与列控中心通信状态、自身设备状态。

（3）接口报警：A/B 机工作异常报警、与联锁 A 机通信中断报警、与联锁 B 机通信中断报警、与列控中心 A 机通信中断报警、与列控中心 B 机通信中断报警、无线调度命令转接器通信中断、自身板卡故障报警。

（五）电源屏接口

电源屏监测、UPS 监测和电池监测内容由电源屏维护机统一采集后通过 RJ45 接口传送给监测系统，如图 1.5.7 所示。新增电源屏应接收既有电源屏（含大功率 UPS）监测数据，并将新屏、既有屏监测数据传送给监测系统。既有电源屏扩容后增加模块和输出电源应纳入既有电源屏监测分机并传送给监测系统。

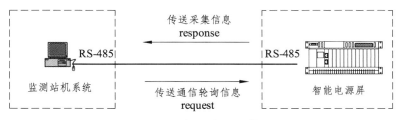

图 1.5.7　智能电源屏接口

1. 电源屏

电源屏的监测内容如下：

（1）输入交流接触器状态：接触器闭合、断开状态。

（2）模块状态；模块工作/保护/故障/备用状态；模块通信正常/中断状态。

（3）电源屏与 UPS 通信正常/中断状态。

（4）模拟量监测内容：各电源屏输入电压、电流、频率、相位角；各种电源屏每路输出电压、电流；25 Hz 电源输出频率、相位角。

（5）电源屏报警：Ⅰ路输入停电、Ⅱ路输入停电、过压、欠压、缺相、错序、输入突变；电源屏各路输出断电；三相交流转辙机电源缺相、错序。

（6）电源屏输入突变曲线。

2. UPS

（1）模拟量监测内容：UPS 输入相电压、电流、频率；UPS 电池组电压、旁路相电压；UPS 后备时间或后备容量；UPS 输出电压、电流、频率、功率。

（2）UPS 报警：UPS 电池供电、UPS 旁路供电、UPS 主路输入异常、UPS 旁路输入异常、UPS 整流器故障、UPS 逆变器故障、UPS 逆变器不同步、UPS 其他报警。

3. 电池

（1）电池模拟量：总电压，总充放电电流；每一个电池的电压、内阻、温度。

（2）电池状态：电池工作状态：放电/充电。

（3）电池报警：电池电压异常、温度异常、电池组开关断开。

（六）灯丝报警接口

（1）监测内容：列车信号主灯丝断丝状态并报警，定位到每架信号机的每个灯位。

（2）接口方式：CAN 接口，硬件光电隔离。

（3）通信要求：与监测系统的通信（周期≤1 s），变化信息实时上发。

（七）转辙机缺口监测接口

1. 接口内容

（1）转辙机缺口模拟量；

（2）报警/预警信息；

（3）道岔动作后模拟量或缺口图片信息。

2. 接口方式

（1）RJ45 以太网接口方式；

（2）采用 TCP/IP 协议，转辙机缺口系统为服务端，监测系统为客户端，IP 地址由监测系统统一分配。转辙机缺口系统侧应增加隔离措施及防病毒措施，确保运行稳定。防病毒软件在新建工程实施时与监测系统统一规划、统一实施、统一升级。

3. 通信要求

与监测系统周期性通信,变化信息实时上发。

(八)区间综合监控系统接口

1. 监测内容

(1) I系、II系硬件平台设备状态信息;

(2) 其他设备工作状态;

(3) 继电器状态信息;

(4) 区段逻辑检查状态;

(5) 解锁盘及其按钮、表示灯状态;

(6) 区段 SA;

(7) 报警信息:设备故障报警、逻辑状态报警。

2. 接口方式

接口采用 RS422 接口,区间综合监控系统周期向监测系统发送全体监测数据。

3. 通信要求

与监测系统的通信(周期≤1 s)。

(九)工业空调接口

1. 监测内容

(1) 空调电压、电流、功率;

(2) 空调状态信息,如开机、待机、模式等,同时应实现空调设备的远程控制功能,包括空调启动、待机。

2. 接口方式

接口采用 RS485 接口,工业空调周期性地向监测系统发送全体监测数据。

3. 通信要求

与监测系统的通信(周期≤1 s)。

三、采集设备

采集设备主要包括采集机、智能采集单元、各类采集模块等。采集设备采集信号设备相关模拟量信息、开关量信息及报警等信息。

(一)采集机柜

采集机柜按照结构可以分为铁标机柜(规格 900×450×2300)和欧标机柜(规格 600×800×2000)两种。机柜内以 4U 为单位,安装采集机组匣、C0 组合、继电器组合等。由于机柜内部的空间限制,当增加层数较多时,可以考虑将绝缘测试组合移出采集机柜,放置在组合架或另外增加机柜安装。

（二）采集机

采集机负责被监测设备各种原始数据的实时采集和预处理，并完成与站机通信。监测系统采集分机按功能划分为综合采集机、轨道采集机、开关量采集机、道岔采集机、集成采集机等。采集机可按照车站的规模进行灵活配置，采集机应尽量集中安装在采集机柜中，其采集器件可根据实际情况就近安装在被监测设备附近。采集机与站机之间采用 CAN 总线连接。

由于设计生产铁路信号集中监测系统的厂家不同，采集机的结构与种类略有差别。目前，现场使用的采集机主要有两种形式：传统型采集机和新型采集机。

1. 传统型采集机

传统型采集机的结构如图 1.58 所示，采用组匣配置模式，由电源板、CPU 板和采集板组成。前插拔结构，后面安装 52 路或 51 路信息采集端子，用于连接外部引线，外部信号通过采集端子、总线板、采集板进入采集机。采集机的 CPU 通过总线板对采集机采集板读取数据或进行测量控制。电源板给采集机提供各种工作电源。

图 1.5.8　采集机的结构

1）电源板

电源板主要为 CPU 板和各采集板提供各种电源。从外表看电源板有+5 V、+12 V、-12 V、+24 V、+5I 共 5 个电源表示灯，一个熔断器座和电源开关。正常情况下，打开电源开关，5 个电源表示灯会全部变亮，且无闪动，表示电源已正常工作。如果部分表示灯不亮或全部不亮，则表示电源故障。若全部不亮，此时可检查电源板是否插好，熔断器是否烧断，开关接触是否良好；若部分不亮，此时可检查电源板与总线板是否良好，否则说明电源坏了，需要更换。

2）CPU 板

CPU 板是采集机的核心，板上装配 ROM（只读存储器）芯片，芯片里存有相应功能的软件程序，通电后 CPU 按该程序运行。如图 1.5.9 所示，CPU 板将采集的数据进行处理，暂存在缓冲单元（CPU 板上的存储器）内，并将数据通过 CAN 总线传输给站机。CPU 板也可接收站机的控制命令，对采集板进行测量控制。

CPU 板上两组跳线，都与 CAN 通信有关。一组是左下角的 4 个地址跳线，通常默认为 4 个跳线都跳上。另一组是右上角的 CAN 通信匹配电阻跳线，在采集层 CAN 通信不通时，可尝试将此跳线跳空或跳上。

CPU 板上有电源、工作、收、发 4 个表示灯。其中收、发 2 个灯常灭，无用。正常工作时，电源灯一直亮（无闪动），工作表示灯会出现频率均匀的闪动。如果发现电源灯不亮或不闪动，这时应检查电源是否故障；如果发现工作灯不亮，闪动过慢或闪动过快，且电源板工作正常，这说明 CPU 板故障，此时应检查 CPU 板与总线板插接是否良好，或者把电源板上的开关关掉，10 s 后再打开一次，若还不能恢复，可以肯定 CPU 板损坏。

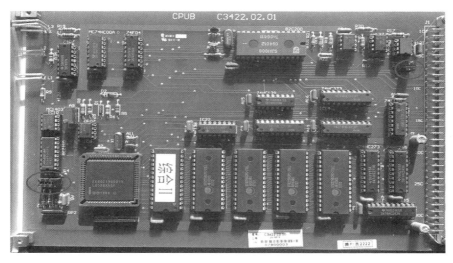

图 1.5.9　CPU 板

3）模拟量输入板

模拟量输入板（简称"模入板"）将从采样单元送来的电信号送给 CPU 进行 A/D 转换。如图 1.5.10 所示，板上有电源、工作 2 个表示灯，电源表示灯和其他板一样，工作表示灯在正常工作中出现闪动，否则表示工作不正常。

模入板的输入有两种形式，电流型和电压型。每路输入端都对应有一个跳线来控制，当跳线短接时，与下方输入电阻联通，输入为电流型，当跳线断开时，为电压型输入。每块模入板有 48 路输入端子。

图 1.5.10　模拟量输入板

4）开关量输入板

开关量输入板（简称"开入板"）采集开关量信息，如图 1.5.11 所示。有电源、工作表示灯，数据组 1~6 共 6 个表示灯和数据位 1~8 共 8 个表示灯，共计 16 个表示灯。数据组 6 个灯与其数据位 8 个灯合起来代表 48 路开关量，其中 1—1 代表 1 路，1—2 代表 2 路，……，1—7 代表 7 路，1—8 代表 8 路，2—1 代表 9 路，2—2 代表 10 路，……，2—7 代表 15 路，2—8 代表 16 路，以此类推，6—7 代表 47 路，6—8 代表 48 路。

图 1.5.11　开关量输入板

正常工作时，电源和工作表示灯和其他板一样；数据组 6 个表示灯，按照固定频率从 1 到 6 依次循环闪亮；数据位 8 个表示灯则根据实时采到的开关量部分点亮。如果发现开关量输入板不正常，应先查看电源板和 CPU 板是否正常；若正常，再查看开关量输入板与总线板插接是否良好，或者用一块工作正常的开关量输入板同该开关量输入板交换一下，换过后，若正常，则可以肯定该开关量输入板损坏。

5）开关量输出板

开关量输出板（简称"开出板"）用于输出 24 V 直流驱动绝缘测试继电器。如图 1.5.12 所示，每块开出板共 48 路，前 40 路用于输出，后 8 路用于开关量采集输入，其中开出板的 a17 为输出电源的环线端子，通常接综合-24 V。如开出板后 8 路需用于采集开关量时，需用 c17 接采集负电环线，当采集电为综合+24 V 时，可用开入板右侧的跳线将 a17 和 c17 环起来。

开关量输出板表示灯的名称和数量与开关量输入板的完全相同，但数据组和数据位的 16 个灯代表的含义与开关量输入板不同。

在测试绝缘或漏流过程中，开关量输出板的数据组 1~5 表示灯和数据位 1~8 表示灯的亮灭代表继电器组合中输电线当前状态。如果在自动测试绝缘的过程中开关量输出板上的表示灯无任何变化，则表明开关量输出板已经损坏。

开关量输出板数据组 6 表示灯及相对应 8 数据位灯含义如下：

①1 和 2 分别代表电源屏输入 I 路和 II 路断电，平时常亮，断电时灭。

②3 代表电源屏输出断电，平时常亮，断电时灭。

图 1.5.12　开关量输出板

③ 4 无意义。

④ 5 和 6 分别代表外电网 380V 的 Ⅰ 路和 Ⅱ 路错序，平时常亮，错序时灭。

⑤ 7 和 8 分别代表下行和上行信号机主灯丝断丝，有报警时亮。

其他开关量输出板的 8 个数据位的灯目前无实际意义。若发现开关量输出板工作不正常，检查故障方法同开关量输入板。

2. 传统型采集分机举例

下面以通号公司 200～250 km/h 客运专线应用的铁路信号集中监测系统车站采集分机为例，介绍传统型采集机的具体组成。客专集中监测车站采集分机分为：综合采集机、道岔采集机、集成采集机和轨道采集机。

（1）综合采集机。

综合采集机主要实现对电缆绝缘、电源屏输出对地漏泄电流、排架熔丝报警、列车信号机点灯回路电流的监测。每台分机可插 8 块采集板，最大可采集 512 路电缆绝缘和电源屏输出漏泄电流、96 路排架熔丝报警、94 架列车信号机点灯回路电流。

采集机的组成：

D0：CPU 板，是采集机的核心，对模拟量与开关量进行综合处理并通过 CAN 总线与站机通信。模拟量输入板将从采样转换单元出来的各种电压送给 CPU 板。通信和电源配线、层与层之间的电源和通信环线出厂前已配完。

D1/D8：模拟量输入板，每块测 48 路，采集漏流值（D1 第 24 路）（从绝缘漏流组合侧面配线到 A24 位置）、采集列车信号机点灯回路电流（传感器就近安装在列车信号机灯丝继电器旁边），将点灯回路按图纸拆开穿过电流传感器圆孔后接回，传感器输出配线至本端子，传感器工作电源来自 D0 相应的位置，每个传感器的电源互相并联，首尾两处环回采集机 D0 位置。

D2/D3：开关量输入板，将断路器报警信息转换为 CPU 接收的开关量。每块测 48 路，采集组合架（柜）排架熔丝报警状态，BJ+ 由报警灯正端引出，配至本端子，报警回线为 BJ-，配至本端子 A25 位置。排序如下：1～24 路——A1～A24，25～48 路——B1～B24，A25、B25

为采集回线。其中 D3 的 B9 ~ B18 为外电网报警状态的采集，从外电网监测箱配线至本端子，D3 的 B25 接综合 24 V-作为采集回线。

D4/D5：开关量输出板，每块板 40 路输出，控制绝缘漏流测试组合继电器吸起或落下，每块可控制 256 路电缆测试的测试组合。

D6：开关量输入板，每块测 48 路，这块采集板是为开关量采集预留使用的。

D7：绝缘接口板，采集绝缘表输出值，1 路双端输入，从绝缘漏流测试组合侧面配线至本端子 A1、A3。

（2）道岔采集机。

道岔采集机主要实现对道岔电流、1DQJ、定/反表示继电器的采集。每台分机一般插 6 块采集板，其中可用 1 块开关量输入板采集道岔 1DQJ 状态，2 块开关量输入板采集道岔定/反表示继电器状态，3 块模拟量输入板采集道岔转辙机电流曲线，最大可采集 144 根道岔电流曲线。

采集机的组成：

D0：CPU 板，是采集机的核心，对模拟量与开关量进行综合处理并通过 CAN 总线与站机通信。通信和电源配线、层与层之间的电源和通信环线出厂前已配完。

D1/D2/D3：模拟量输入板，每块测 48 路，电流传感器采样转辙机动作电流，传感器输出配线至本端子，传感器工作电源来自 D0 相应的位置，每个传感器的电源互相并联，首尾两处环回采集机 D0 位置。

D4：开关量输入板，每块测 48 路，采集道岔 1DQJ 状态，采用开关量采集器采集 1DQJ 继电器半组空接点，采集器工作电源来自接口电源+12 V（C0 层是开关接口电源，出厂前已配完），采集器输出配线至本端子。

D5/D6：开关量输入板，每块测 48 路，采集道岔定、反表示继电器状态，空接点采样，中接点配接口电源+12 V，吸起接点配至本端子，采集器工作电源来自接口电源+12 V，采集器输出配线至本端子。

（3）集成采集机。

集成采集机主要实现对道岔表示交、直流电压的采集。每台分机可插 8 块电压采集板，可采集 32 个道岔表示继电器对应的道岔表示电压。

采集机的组成：

D0：CPU 板，是采集机的核心，对模拟量进行综合处理并通过 CAN 总线与站机通信。通信和电源配线、层与层之间的电源和通信环线出厂前已配完。

D1 ~ D8：表示电压采集板，每块采集板可采集 4 个道岔表示继电器对应的道岔表示电压。五线制道岔定位交流和直流均采 X1、X2，反位交流和直流均采 X3、X1，X1 为公共线；四线制或六线制道岔定位交流和直流采 X1、X3，反位交流和直流采 X3、X2。

（4）轨道采集机。

轨道采集机主要实现对 25 Hz 轨道电路的轨道接收端交流电压、相位角的采集。每台分机可插 8 块采集板，其中可用 2 块开关量输入板、6 块互感器板，最大可采集 96 路轨道电压和相位角。

采集机的组成：

D0：CPU 板，是采集机的核心，依据预先设定的软件程序管理各轨道传感器板，对模拟量实行 A/D 转换，暂存转换数据，并通过 CAN 总线与站机通信。通信和电源配线、层与层之间的电源和通信环线出厂前已配完。

D1/D2：开关量输入板，每块测 48 路，采集轨道继电器状态，空接点采样，中接点配接口电源+12 V，落下接点配至本端子，如果只有半组空接点，则采用开关量采集器采样，具体参照图纸设计。

D3 ~ D8：每块测 16 路，采集轨道电压和轨道电压与局部电源之间的相位夹角。排序如下：1 ~ 16 路——A1、B1 ~ A16、B16，双端输入，A17、B17 为本块采集板采集的轨道电压的局部电源 110 V 输入。轨道区段的名称排序必须与 D1/D2 的轨道继电器状态的采样完全一致，即两块板 96 路开关量对应 6 块板 96 路模拟量。

3. 新型采集机

新型采集机，打破一个组匣作为一个采集机的配置模式，使得采集机的配置更为灵活。它将 CPU 板和采集板整合到一起，每块板既是 CPU 板也是采集板。对采集板功能进行了整合，将完成某种或几种功能的采集电路整合到一块采集板，每块采集板都可以独立完成一类功能，可以独立工作；每块采集板拥有自己的 CAN 通信接口，作为 CAN 网络的一个网络节点。因此，采集机是一个可自由组合、功能变化的、集成的分机。

采集机的结构如图 1.5.13 所示。

DY 电源	D0 采集板 0	D1 采集板 1	D2 采集板 2	D3 采集板 3	D4 采集板 4	D5 采集板 5	D6 采集板 6	D7 采集板 7	D8 采集板 8

图 1.5.13　采集机的结构

电源（DY）：给采集机提供各种工作电源，采集机电源有 2 路 5 V，1 路 12 V，1 路-12 V，1 路 24 V。

通信板：采集机的数据通信中继站，内部与各种采集板以较高速率的 485 通信，实时取走采集板采样处理后的模拟量和开关量数据，按照一定的规律统一打包处理，并通过 CAN 总线通信。每采集机一块，位置在 D0。通信板工作灯、采集板工作灯均为 500 ms 刷新一次。

采集板：采用成熟独立的单片机技术，运用数字信号处理技术，将输入信号 A/D 转换，按照不同的数学模型，进行模拟量波形分析，将需要的信息过滤存储。采集板根据采样设备和信号的不同可以分为模拟量接口板、开关量接口板、驱动接口板、道岔表示电压板、轨道电压相位板、移频发送综合板、移频接收综合板、移频频率板、移频电压板等，每台采集机可以插 8 块不同型号的采集板。一般情况下要求相同类型的采集板依次顺序排放。

（三）智能采集单元

智能采集单元将采集板卡封装在继电器罩内，形成继电器形式的采集单元。智能采集单元应用的采集技术与采集机基本相同，只是智能采集单元与站机之间的通信不同于采集机。智能采集单元的采集板如图 1.5.14 所示。

图 1.5.14　智能采集单元板卡

1. 智能采集单元设置和指示灯

采集模块的一组红色拨键是此智能采集单元的地址跳线，从左往右数的 1～6 位为二进制拨键，7、8 位为通信波特率跳线，固定不动。二进制拨键数位从右至左，从小至大。往采集模块上方拨为 1，即往文字标注的 "ON" 方拨为 0。

指拨开关的高 2 位 "7" 和 "8" 设置波特率分别对应 9 600 bit/s、19 200 bit/s、38 400 bit/s、57 600 bit/s；低 6 位设置 RS485 地址分别对应地址 1～63（ON=0，"1" 为最低位，"8" 为最高位）。

指示灯 D7 为单片机 3.6 V 电源指示灯；指示灯 D8 为单片机运行指示灯；指示灯 D9 为通信接收指示灯；指示灯 D10 为通信发送指示灯。

智能采集单元正常工作时 D7 电源指示灯常亮，D8 运行指示灯每 1 s 左右闪一次。

D9 接收灯和 D11 发送灯在无通信时常暗，D9 接收灯在闪烁时说明 485 总线有信号，如传感器满足响应条件则发送信号，D10 发送灯也相应闪烁。可依据指示灯的状态判断采集单元是否工作正常。通信收发的闪烁频率与通信巡检的时间有关，在同一串口的采集单元放置在一起时，能明显看出通信灯有次序地逐个亮起的状态。当两个通信灯出现常亮、常灭状态或只亮一个灯时，可检查通信线是否有接错的情况。

2. 底座配线说明

智能采集单元底座配线端子采用普通继电器接点编号方法。如表 1.5.1 所示，其中固定使用的端子有：电源端子 1、3 端子分别接入智能采集单元所用的 12 V 电源的正负极；电源端子 2、4 端子空闲不用；13 和 23 接点分别接 RS485 通信的 A 和 B；其余编号对应的接点根据智能采集单元的功能不同，其配线使用方式也不同。

表 1.5.1　采集单元底座部分配线

33		43	
12		22	
11		21	
13	RS485-A	23	RS485-B
3	GND	4	GND
1	+12 V	2	

　　采集对象经过设在组合架上的采集继电器组合进行处理，再通过 485 串口通信线输出至接口通信分机，并与监测工控机相联。通常两层相同采集组合级联在一起，向通信接口分机输出一条 458 通信线，对应接口分机上一个 485 接口，组合内部各采集单元使用独立的 485 地址。

　　每个智能采集器都有自检功能，如某个采集器出现故障，可立即在微机监测站机上或接口通信分机自带屏幕上显示出来，并给予报警。并且专门开发了采集继电器检测程序，在站机上运行该程序，程序可以自动告诉用户该继电器是否故障以及故障原因，方便用户在现场进行设备鉴定。

　　3. 智能采集单元常见故障分析

　　（1）传感器接好后无任何反应，所有指示灯都不亮，也无法通信。

　　一般为 12 V 工作电源未接入所致，可用万用表测量"+12 V"对"GND"电压是否正常。

　　（2）电源指示灯和运行指示灯正常，但无法通信。

　　看接收灯有无闪烁，如闪烁则表示进来的总线信号正常，有可能是传感器的地址或波特率未设置对所致；当 485 两根线接反了，此时 TX、RX 灯只亮一个灯，且为稳定常亮；将两根线反接，在通信接口通信分机程序未启动时，TX、RX 两灯全灭。如果通信接口通信分机程序启动，TX、RX 两灯交替闪烁，闪烁频率在 1 s 左右。

　　（3）电源指示灯闪烁，传感器工作不正常。

　　电源指示灯闪烁说明单片机程序运行不正常，可用万用表测量"+12 V"对"GND"电压是否正常，如正常则将传感器拔下后过一会儿再插上，如现象依旧则表示传感器损坏。

　　（4）通信正常，传感器读出显示的数字量不对。

　　如读出数据总为 0 或某一确定值及其他乱七八糟数据，则有可能是电源电压过低所引起的，应检查"+12 V"对"GND"电压是否低于 10.8 V。

　　（5）在接线正确的情况下，TX、RX 灯不闪烁，大概有几种可能性：

　　① 通信接口分机内未配置。

　　② 传感器内部 485 芯片损坏。这种情况下，一个采集继电器 485 芯片损坏会影响到本条总线上其他的采集继电器，把这个采集继电器拔下，其余的采集继电器都正常。这种情况是由 485 硬件特性决定的。

　　③ 接线有虚焊现象。

四、CSM-ka 型车站监测子系统

CSM-ka 型铁路信号微机监测系统的车站基层子系统配置如图 1.5.15 所示。车站监测设备主要包括采集及控制单元、车站主机、网络设备、电源设备、防雷设备、无线设备、接口设备、打印机等。

采集及控制单元主要包括采集机柜、现场控制总线信息平台、高精度数据采集单元（包括轨道、道岔、电源屏等模拟量信息）、环境监测传感器、门禁控制器、智能空调控制器、ZPW2000A 移频信号综合采集器等。

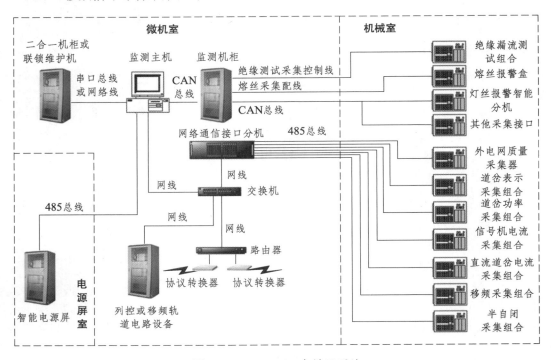

图 1.5.15　CSM-ka 车站子系统

（一）监测机柜

监测机柜主要由 C0 层、综合采集层、网络通信层、接口通信分机层和电源分配层组成，如图 1.5.16 所示。

C0 层前面板为电源灯及系统铭牌，如图 1.5.17 所示。C0 层内部最多安装 3 个开关电源，分别提供 5 V（道岔 1DQJ 采集用）、9 V（协议转换器用）、12 V 直流开关电源（继电器状态采集用）。C0 层后面板共有 3 组 3×18 柱 WAGO 端子，其中 D1 用于配置采集层转接的电源（如综合 24 V，综合正负 12 V）和 9 V 电源。D2 用于内部的 5 V 电源和 12 V 电源输出配线。D3 通常用于底部的 12 V 大功率电源输出配线。

C10 电源分配层主要为机柜的 220 V 交流输入/输出配线，以及机柜内 12 V 大功率电源输出保险及转接配线。

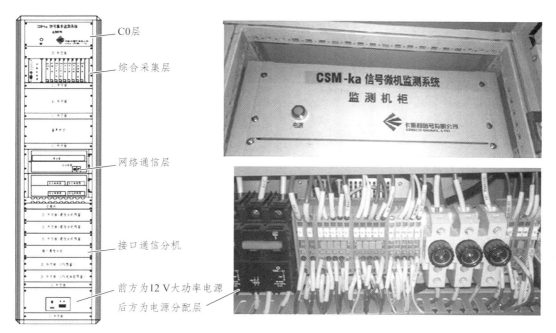

图 1.5.16 监测机柜

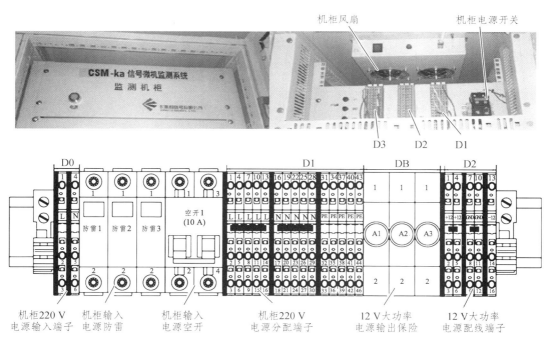

图 1.5.17 C0 层与 C10 电源分配层

综合采集层主要用于实现绝缘漏流测试、熔丝报警采集等功能,同时也是 CAN 总线通信的主要输入/输出配线点,如图 1.5.18 所示。

综合采集层从左至右分别对应:采集机线性电源、D0-CPU 板、D1-模入板、D2/D3-开入板、D4/D5/D6-开出板和 D7-绝缘接口板。

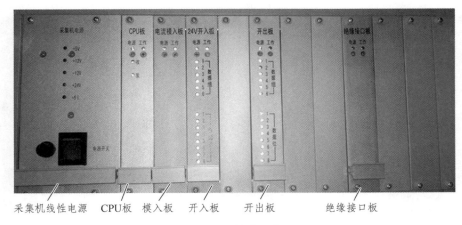

图 1.5.18　综合采集层

（二）接口通信分机

接口通信分机主要使用 RS485 通信接口与各监测采集单元连接获取单元采集上传的数据信息，同时通过网线与交换机连接，将各采集信息组包传给监测主机，如图 1.5.19 所示。每台接口通信分机有 8 路 485 通信输入端口，每路通信可最多连接 20 个监测采集单元。每台接口通信分机有 2 个网口用于网络连接，可设置 2 个不同的 IP 地址，通常使用第 0 路网口。接口通信分机前方为状态液晶显示屏和设置 232 串口。232 串口用于设置接口通信分机的配置和 IP 地址。

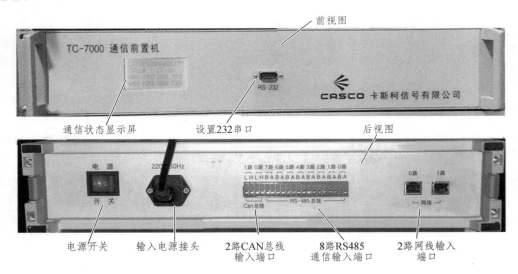

图 1.5.19　接口通信分机

图 1.5.20 中第一行表示网络通信分机的 IP 地址，使用的网口为 0 口。第二行表示此分机的分机号为 25，配置在 C1 上。C0 未使用。下面两个冒号前面的 0 ~ 7 对应通信分机的 8 个 485 串口。"──"表示此串口上所有采集模块通信均正常，0 口上的"02"表示第 0 路 485 口总线上的第 2 个地址单元通信中断。

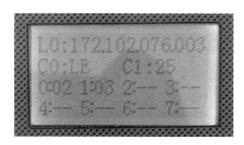

图 1.5.20　接口通信分机液晶显示

（三）工作电源

监测机柜向外输出多种直流和交流电源用于监测采集和模块供电，主要有如下几种：

1. 12 V 大功率电源

电源总共输出+12 V 和-12 V 两路直流电源，两者正端和负端对量为 24 V。当电源正常工作时，电源前面板两个电源指示灯均点亮。当有一路电源损坏或外部配线短路时，对应指示灯熄灭。

它用于给各类带 485 通信的监测采集单元提供工作直流电源，由机柜底部的 12 V 电源输出。12 V 大功率电源输出两种电源，+12 V 和-12 V，对应有两个工作灯显示。其中+12 V 为各采集单元工作电源。-12 V 目前只有采集移频接收的阻抗匹配器用到。

2. 采集机电源

综合采集机电源如图 1.5.21 所示，主要有综合 24 V：主要用于绝缘测试继电器吸起的驱动电源，部分用于环境监测报警采集。综合±12 V：主要用于灯丝漏流测试单元的测试电源，也用于环境监测的温湿度采集。5 V 电源用于采集的板子供电，5I 用于 CAN 通信供电。

当电源输出外线短路或电源无输出时，上面对应的电源灯会灭灯。可根据点灯状况来判别对应的电源是否存在问题。

图 1.5.21　采集机电源

3. 220 V 交流电源

机柜使用的微机监测交流 220 V 电源，目前只给绝缘测试的绝缘表供电。当需要用到外置式的 12 V 大功率电源时也使用机柜提供的 220 V 交流电源。

（四）网络连接设备

1. 路由器

路由器用于设置车站监测系统的网管，并与其他站的车站监测系统连接组成广域网。CSM 车站常用路由器为 CISCO-1921 型路由器，如图 1.5.22 所示。每台路由器有两个网口，对应 FDX、100、LINK 共 3 个指示灯，当网口联通时，3 个灯均亮绿灯，其中 LINK 灯时有闪烁。每台 1921 路由器可插接两块 2M 端口输入模块，每个模块可连接 2 个 2M 通道接口。当端口与对应的协议转换器设备联通时，端口旁边的 CONN 指示灯点亮为绿色。

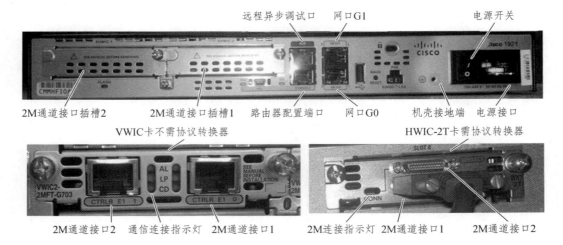

图 1.5.22 路由器

2. 光调制解调器

通信机械室与信号机械室之间使用光纤连接配置的设备，通常一个通道设置一对光调制解调器（光猫），如图 1.5.23 所示，其中一个输入为同轴 G.703 接口输出光纤，另一个输入为光纤，输出为 V.35 接口。安装方式是将同轴输入的光猫安装在通信机械室的 DDF（数字配线架）处，将 DDF 的同轴输出转换为光纤输出连信号机械室监测机柜内的光猫，然后输出 V.35 接口连接路由器。

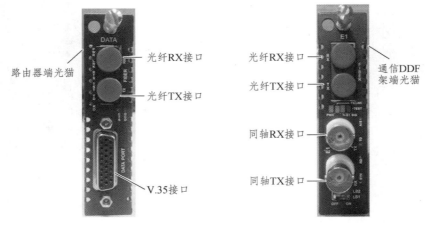

图 1.5.23 光调制解调器

3. 协议转换器

协议转换器用于将 G.703 协议的同轴接口转换为 V.35 的路由器接口，对应路由器使用 HWIC-2T 卡，如图 1.5.24 所示。如果使用光纤连接，此协议转换器不再使用，代之的是光猫或 FE 光口模块。即使在使用同轴电缆的地方，也逐步使用 VWIC 卡取代协议转换器，此时同轴 G.703 接口通过线缆直接与路由器的 VWIC 卡连接。

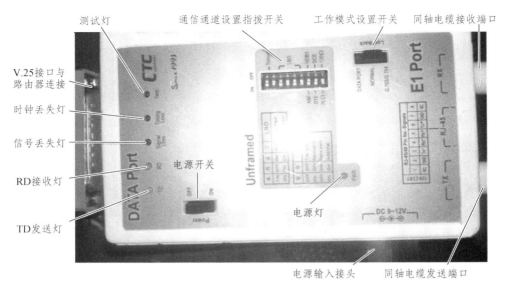

图 1.5.24 协议转换器

4. 交换机

交换机用于监测系统的局域网组网，同时接入列控和轨道电路的接口配线。常用 CISCO 2960-24TT-L 型交换机，如图 1.5.25 所示。当交换机正常工作且有网线联通时，交换机电源灯显示绿色，同时对应连接网口的指示灯均点亮为绿色。

图 1.5.25 交换器

任务六　站机软件的使用

铁路现场电务人员主要通过信号集中监测系统的站机，调看信号设备的运用状态、报警信息、数据处理及控制，进行监测的系统管理。各种型号的监测系统站机软件使用方法大同小异，下面以卡斯柯信号有限公司的铁路信号综合监控系统站机的使用为例，介绍站机软件的使用。

一、主界面

站机主界面有两种模式：全屏模式和分屏模式。全屏模式主界面包括功能菜单、工具栏、站场图显示、状态栏，如图1.6.1所示。分屏模式主界面包括功能菜单、站场图、分屏窗口。在分屏窗口可以进行设备实时曲线、道岔分表示、半自闭曲线及回放模拟量历史查看。

在全屏模式下可以在站场图区域单击鼠标右键，选择弹出菜单的【实时曲线查看】选项切换至分屏模式。在分屏模式下可以通过点击分屏窗口右边的【隐藏】按钮切换至全屏模式。

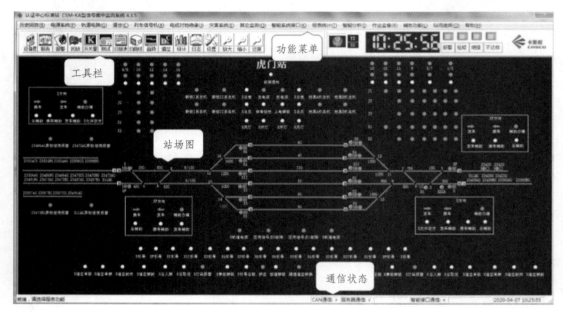

图1.6.1　全屏模式主界面

二、菜单栏

菜单栏包括历史回放、电源系统、轨道电路、道岔、列车信号机、电缆对地绝缘、其他监测、智能系统接口、报表统计、智能分析、作业监督、辅助功能、站间透明、帮助，如图1.6.2所示。各菜单具体功能和子菜单介绍如下：

历史回放(R)　电源系统(P)　轨道电路(G)　道岔(C)　列车信号机(X)　电缆对地绝缘(U)　其它监测(Q)　智能系统接口(K)　报表统计(T)　智能分析(I)　作业监督(B)　辅助功能(L)　站间透明(O)　帮助(H)

图1.6.2　菜单栏

（1）历史回放：包括两个子菜单，【历史回放】和【历史再现】。【历史回放】用于调阅软件自动记录的历史数据。【历史再现】用于将手动保存的历史数据进行回放的操作。

（2）电源系统：包括【电源屏信息】、【外电网质量】和【漏流测试】。

【电源屏信息】包括实时值、日报表、日曲线、月曲线、年曲线、日趋势。

【外电网质量】包括实时值、日报表、日曲线、月曲线、年曲线、日趋势、瞬间突变曲线（在有瞬间断电曲线采集时才有此子菜单）。

【漏流测试】包括测试值表格、历史值表格、趋势曲线。

（3）轨道电路：包括【站内轨道电路】、【移频轨道电路】、【移频机柜状态】、【查看分路不良设置】。

【站内轨道电路】：包括实时值、日报表、日曲线、月曲线、年曲线、日趋势、残压日报表、残压月报表、高压不对称波形。

【移频轨道电路】：包括实时值、日报表、日曲线、月曲线、年曲线、日趋势、残压日报表、残压月报表。

【移频机柜状态】：为客专 ZPW2000（无绝缘移频自动闭塞系统）机柜状态图。

【查看分路不良设置】：通过此查看分路不良的设置记录。

（4）道岔：包括【道岔综合显示】、【启动曲线】、【实时值】、【日报表】、【日曲线】、【月曲线】、【年曲线】、【道岔缺口】。

【道岔综合显示】和【道岔缺口】是在车站有视频缺口子系统接入时才有。

（5）列车信号机：包括【实时值】、【日报表】、【日曲线】、【月曲线】、【年曲线】、【日趋势】。

（6）电缆对地绝缘：包括【绝缘测试】、【日报表】、【趋势曲线】。

（7）其他监测：【包括站联电压】、【半自闭信息】、【环境监控】、【屏蔽门电压】、【网络型环境分机】、【计轴磁头电压】、【美的空调监测】。

（8）智能系统接口：包括【列控中心接口】、【CTC 设备状态】、【联锁设备状态】、【FDT 站间安全信息】、【SAM 系统状态】。

（9）报表统计：包括【报警统计】、【运用统计】、【控制台按钮操作记录】。

（10）智能分析：包括【维护建议报告】、【智能报警历史查询】、【故障库】、【故障案例】、【30 日电气特性统计】、【设备管理】、【联锁进路表】、【智能分析分析项查阅】。

（11）作业监督：包括【天窗修记录与查阅】、【信号设备巡视记录】。

（12）辅助功能：包括【日志与事件】、【开关量】、【其他设置】、【用户参数设置】、【通信状态图】、【CAN 诊断工具】、【密码管理】、【参数修改】、【设备停用】、【班组管理】、【配置工具】、【调试工具】、【修改输入法】、【用户参数查询】。

【日志与事件】包括系统工作日志、服务器通信日志、接口工作日志、用户操作记录。

【开关量】用于开关量查询。

【其他设置】包括 DOS 命令行、显示器设置、轨道长期占用报警设置、轨道区段分路过滤时间设置。

【用户参数设置】包括参数修改、上下限参数切换。

【修改输入法】包括中文和英文输入法切换。

【用户参数查询】可查看上下限设置、超限报警过滤时间、未开通设备、不合格设备、长期盯控设备。

三、左键菜单

当鼠标左键点击站场图上的一个设备时，会弹出与该设备相关的菜单项，即左键菜单。左键菜单上提供了所点击设备的监测内容菜单项、相关联的设备以及关联设备的监测菜单项、设备相关的码位信息等。目前，提供左键菜单弹出功能的设备类型有轨道、道岔、信号机、表示灯和按钮。

1. 轨道左键菜单

当鼠标左键点击轨道时，弹出对应该轨道的左键菜单。以 4G 为例，如图 1.6.3 所示，左键菜单项包括实测曲线、实时值、日报表、日曲线、日趋势、月曲线、年曲线等子菜单项。

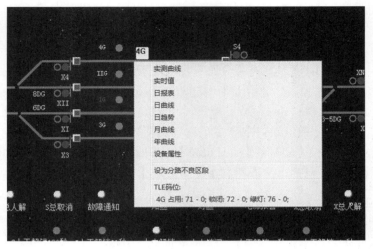

图 1.6.3　轨道左键菜单

2. 道岔左键菜单

道岔的左键菜单因道岔的类型而稍有差异，分为单动道岔、多级联动道岔、多级牵引道岔三类。

单动道岔：用鼠标单击该类型设备时，弹出的左键菜单如图 1.6.4 所示。单动道岔的左键菜单除了包括实测曲线、日报表、日曲线等子菜单项之外，还包括道岔动作曲线、对应的道岔区段、分路不良设置等菜单项。

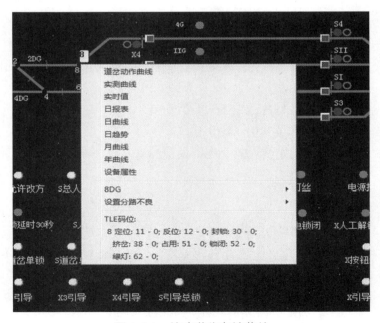

图 1.6.4　单动道岔左键菜单

多级联动道岔：左键单击该类型道岔时，弹出的左键菜单如图 1.6.5 所示。多级联动道岔的左键菜单在第一行对应的道岔名称有子菜单，其他同单动道岔。

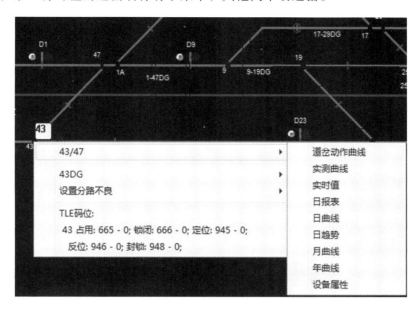

图 1.6.5　多级联动道岔左键菜单

多机牵引道岔：多机牵引道岔的左键菜单对应每一机都有对应的子菜单，如图 1.6.6 所示，其他同单动道岔。

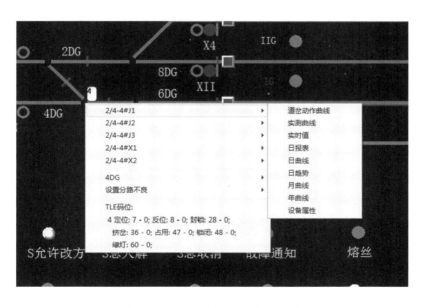

图 1.6.6　多机牵引道岔左键菜单

3. 信号机、区间轨道设备左键菜单

信号机、区间轨道设备的左键菜单包含实测曲线、实时值、日报表等子菜单项。如图 1.6.7 所示，菜单功能与轨道左键菜单相同。

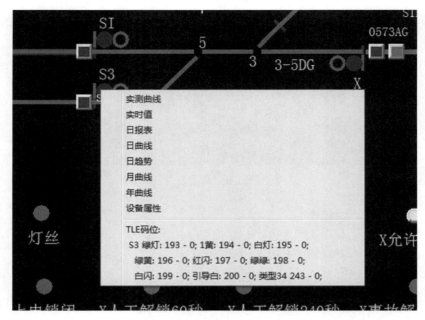

图 1.6.7　信号机左键菜单

四、右键菜单

在站场图的空白区域点击右键时，会弹出右键菜单，如图 1.6.8 所示。

站场缩小：点击后，在站场图上再单击对站场图进行缩小。

站场还原：点击后，在站场图上再单击对站场图进行还原。

站场打印：调用打印机打印站场图。

报警查询：打开报警查询界面，可以进行历史报警查询。

通信状态图：打开通信状态图界面，可以查看车站各智能系统与 CSM 通信状态、CSM 各采集器的通信状态、站内各子系统间的通信状态（主要为列控与 CTC 通信状态、列控与 ZPW2000 通信状态、列控与联锁通信状态、CTC 与联锁通信状态）、熔丝状态。

CTC 状态：打开 CTC 子系统设备状态界面。

移频机柜状态：打开 ZPW2000 客专机柜内设备状态界面。

列控中心状态：打开列控子系统设备状态界面。

跨设备查看实时值：打开跨设备查看实时值界面，可以将不同的设备类型的实时数据在一个界面对比查看。

跨设备查看曲线：打开跨设备查看曲线界面，可以将不同的设备类型的曲线放到一个界面进行对比分析。

设备日曲线：打开日曲线界面，可以查看各设备模拟量的日曲线信息。

图 1.6.8　右键菜单

设备日报表：打开日报表界面，可以查看各设备模拟量的日报表统计信息。

查看分路不良设置：打开查看分路不良设置的历史记录查看界面。

实时曲线查看：打开实时曲线界面。

设备管理：打开设备管理界面，进行设备图纸和设备属性的查看和管理。

道岔分表示：打开道岔分表示界面，对于多级牵引的道岔，在有分表示采集的情况下，可以查看各个转辙机的表示信息。

五、工具栏

工具栏分为两部分，左半部分为常用的功能菜单，包括设备图、报告、报警、回放、开关量、测试、日报表、日曲线、趋势、道岔、统计、日志、设置、放大、缩小和还原。具体功能介绍如下：

设备图：从站场图切换到图形化界面。

报告：智能分析车站打开维护建议报告。

报警：打开历史报警查询窗口。

回放：打开历史数据回放窗口。

开关量：打开开关量查询窗口，进行开关量实时状态查看。

测试：打开模拟量实时值窗口。

日报表：打开模拟量日报表统计窗口。

日曲线：打开模拟量日曲线查看窗口。

趋势：打开模拟量日趋势查看窗口。

道岔：打开道岔动作曲线查看窗口。

统计：打开设备运用统计窗口，统计信息包括设备故障统计、按钮运用统计、信号机开放统计、轨道占用次数统计、破封按钮运用次数、道岔动作次数统计。

设置：模拟量参数的设置，包括上下限设置、系数的校正。

放大：用于站场图放大操作。

缩小：用于站场图缩小操作。

还原：用于站场图还原操作。

右半部分为一些状态信息，包括与服务器通信状态、时钟信息、报警灯、检修灯、绝缘测试灯、不达标信息灯及卡斯柯 Logo。

当与服务器通信正常时，小球会转动，并且 RX 和 TX 会闪烁，当与服务器通信中断时小球是静止的。同时在小球上双击可以打开与服务器通信信息窗口，查看与服务器通信状态及收发的数据信息。时钟信息显示当天的时间。

报警灯：当有报警发生时变为红色（正常为绿色），单击可打开实时报警窗口。

检修灯：当车站正在进行检修时，变成红色，没有检修时为绿色，单击可打开检修窗口。

绝缘测试灯：当车站正在进行绝缘测试时，变成红色，没有测试时为绿色，单击可打开绝缘测试窗口。

不达标信息灯：当不达标库还有内容时显示红色进行提示，单击可打开不达标库进行查询。

六、常用功能操作

对于实施智能分析的车站，可以通过维护建议报告的日分析来查看每一天的设备故障情况，对某一具体的故障可以展开进行详细的查看、回放分析、报警处理，同时进行交接班管理等。

对于未实施智能分析的车站，可以通过实时报警、报警查询、日报表、日曲线、道岔曲线浏览来了解设备的运行状态。对于报警信息，可以通过再现进行回放分析，也可以通过报警处理打开故障详情，查看和分析故障摘要信息、故障处信息，并进行报警处理和维护。对于日报表、日曲线、道岔曲线，可以通过浏览来发现设备的异常信息，通过回放功能进行故障时详细数据的查看和分析。另外，在天窗点内可以对绝缘、漏流进行测试；对于天窗修可以通过检修功能进行设置和管理。

1. 智能分析

对于实施了智能分析功能的车站，才具备智能分析的相关菜单，具有查看设备维护建议报告、30 日电气特性统计、故障案例、设备管理等功能。

设备维护建议报告用于智能分析车站对设备的运行状态与维护情况进行统计与汇总。设备维护建议日报告通过工具栏可以打开设备维护建议报告，也可以通过菜单栏【智能分析】→【维护建议报告】打开。设备维护建议报告由日分析、周分析、交接班留言、天窗修、日报表分析 5 部分组成。另外，它还具备报警查询、打印和帮助功能。

日分析/周分析：日分析用于统计车站设备当日的运行状态，统计的时间从选择日期的前一天早上 8:00 至本日早上 8:00；周分析用于统计车站设备本周的运行状态，分析时间为周一的 0 点至周日的 23:59:59。

下面以日分析为例对维护建议报告统计信息进行介绍。打开维护建议报告默认查看当日的日分析。如果想查看其他时间，可以通过左上角的时间选择控件进行切换，之后点击"日分析"按钮查看，如图 1.6.9 所示。维护建议报告最上方为标题"设备运行状态分析及维护建议日报告"。内容分为左右两部分，左半部分为设备状态汇总报告，包括故障诊断及预警分析、设备维护提示、设备检查建议，右半部分为故障详细信息。在故障诊断及预警分析中按照卡斯柯自采集设备状态和接口设备状态分开汇总；设备维护提示包含未扳动过的道岔提示、绝缘和漏流测试提示及不达标记录提示；设备检查建议中对存在故障的情况给出了建议。

设备管理：可用于查看站内信号设备的图纸和各项属性，如上道时间、生产厂家、设备图片等。图纸查看分为：全站图纸和设备图纸。全站图纸是车站的图纸，如双轨图、站场平面图等，点击红圈所示"全站图纸"即可查看全站图纸。

设备图纸按不同类型的设备进行区分，每种类型的设备都有自己的图纸，如道岔有五线制原理图、四线制原理图、六线制原理图和表示电压采集图等，点击"设备图纸"即可查看。

2. 报警查看与回放

报警查看：报警分为实时报警和历史报警查询。当车站有报警发生时，工具栏右侧的"报警"灯会以红色显示，单击后可以打开实时报警窗口。

图 1.6.9　设备维护建议日报告

实时报警窗口分为上下两部分,上半部分为一二级报警及故障诊断,下半部分为三级报警和预警。内容依次为:设备类型、设备名、故障内容、发生时间、恢复时间、次数、状态、处理、再现。其中报警状态有未处理、已提交、已报车间、已处理、入不达标库。处理:通过点击打开故障详细窗口,进行报警处理和摘要、报警处理记录等的查看。再现:单击后进行报警回放,回放时间为报警发生前 5 min 至报警发生后 5 min 共 10 min,回放的时间点可自动定位到报警发生时刻前 1 min,以便快速分析问题。

3．实时值

当需要查看某一设备当前的模拟量数值时,可以通过实时值界面查看。

可以通过工具栏单击"测试"按钮打开,再选择需要查看的设备类型和设备分类进行查看,也可以通过对应的菜单栏直接打开进行查看。从工具栏打开默认显示的设备类型为轨道区段。

窗口分为左右两部分。左侧为设备选择信息,包括设备类型、设备分类、设备名、采集选择,如图 1.6.10 所示。左侧最下面为界面切换按钮。在实时值可以切换到曲线和日报表窗口。目前所支持的设备类型包括电源屏、外电网、轨道区段、道岔、区间移频、信号机、站联电压、环境设备、屏蔽门、计轴磁头、空调、计轴机柜、断相保护器、异物继电器。设备分类是对设备类型进行细分。

右半部分为实时值数据及其部分提示信息。单击测试值单元格,可以显示采集点位置和上下限的信息。实时值数据通过不同颜色来区分，当前值超过所设置的上下限时用红色表示。当勾选"仅显示超限"时，将只显示有超限数据的行。

图 1.6.10　实时值窗口左半部分

4.日报表

日报表用于查看每一天设备的模拟量统计信息。可以从工具栏单击按钮打开日报表窗口，再选择需要查看的设备类型和设备分类进行查看。从工具栏打开默认显示的设备类型为轨道区段。要查看日报表需要进行时间选择，之后点击【手动查找】进行查看。在日报表数据单元格点击鼠标左键，即可弹出跳转选项，可以查看该时段的日曲线、实时值以及在该时段进行回放。

5. 开关量

点击工具栏的"开关量"按钮，可以查看开关量状态信息。开关量状态分为实时状态和历史变化两种。

（1）实时状态。开关量实时状态页面如图 1.6.11 所示。站机当前的全体开关量状态值通过页面右侧表格进行展现，如需将右侧列表中关注的开关量选至左侧进行单独查看，可以通过双击右侧列表中的项来完成，相应地，双击左侧列表中的项可以删除该项。开关量查看界面可以通过"名称查找""类型""分机"分别或组合的方式进行过滤。"按设备类型"查找：支持按照设备类型查看开关量状态。如在类型中选择轨道，则显示所有与轨道相关的开关量状态。

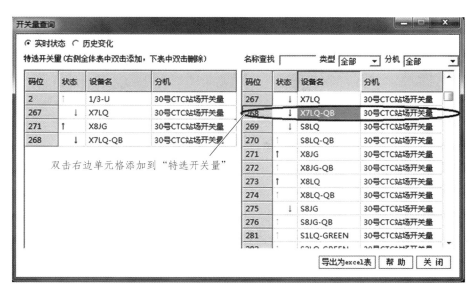

图 1.6.11 开关量实时状态

（2）历史变化。在开关量实时界面，点击"历史变化"可以显示开关量历史变化，可以 查看各小时开关量的变化。如图 1.6.12 所示，在红色椭圆里选择想要查看的时间，列表中显示该时间段的开关量变化，例如选择"2011/11/23 10:00:00"，则列表中显示 10:00 至 11:00 的开关量变化。

图 1.6.12 开关量历史变化

七、系统状态查看

通过右键菜单【通信状态图】可以查看通信状态图窗口，该窗口显示监测站机与其他接口的通信状态以及监测内部自采集设备状态，包括智能接口状态、采集器状态、站内系统间状态、熔丝状态图。各接口工作正常时用绿色表示，故障或未接通时用红色表示。

1. 智能接口状态

如图 1.6.13 所示，右侧设备表示 CAN 采集分机，以及监测接口分级的通信状态，上方为与 CSM 服务器的通信状态，左侧设备为 CSM 与各智能分机的通信状态，包括 CTC 接口状态、联锁接口状态、智能电源屏接口状态、ZPW2000 接口状态、列控接口状态等。绿色箭头表示通信正常，红色表示通信异常。

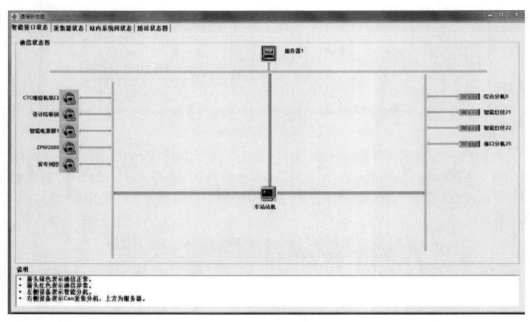

图 1.6.13　智能接口状态

2. 道岔缺口

道岔缺口提供缺口图像、缺口趋势、实时缺口、缺口日报表、扳动综合、缺口视频、报警查询、参数设置、缺口日曲线、缺口月曲线、缺口年曲线等显示窗口，所有窗口集成在道岔综合显示窗口中。

可以通过工具栏图标或菜单栏【道岔】→【道岔综合显示】子选项进入道岔综合显示窗口，之后通过各个 Tab 页进行查看；也可以通过【道岔】→【道岔缺口】的各子菜单查看缺口相关功能。

3. 站内系统间状态

站内系统间状态主要表示站内各信号子系统之间的通信状态，主要为列控与 CTC 通信状态、列控与 ZPW2000 通信状态、列控与联锁通信状态、CTC 与联锁通信状态，同时也反映了其他子系统与 CSM 的通信状态，如图 1.6.14 所示，长线表示子系统间的通信状态，子系统外的方框表示子系统与 CSM 的通信状态。

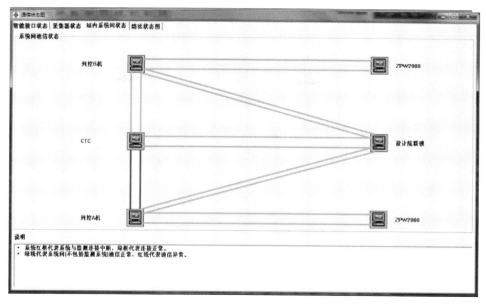

图 1.6.14　站内系统间状态

4. 智能系统接口设备状态查看

（1）列控系统设备状态查看。

列控中心（TCC）状态查看：可以通过右键菜单【列控中心状态】进入，也可以通过菜单栏【智能系统接口】→【列控中心接口】→【客专列控中心数据】进入。列控系统窗口如图 1.6.15 所示，左侧为监控项目，包括边界信息、联锁进路信息、PIO 输入采集、PIO 输出驱动信息、列控硬件平台 A、列控硬件平台 B、区间占用状态、区间线路方向、轨道区段编码、改方命令、改方回执。

图 1.6.15　列控系统设备状态

（2）CTC 接口设备状态查看：可以通过菜单栏【智能系统接口】→【CTC 设备状态】打开，也可以通过右键菜单【CTC 状态】打开。CTC 状态界面如图 1.6.16 所示，主要包括 CTC

主备机状态、CTCA、B 机状态、CTC 网络状态、CTC 主备机串口通信状态、CTC 与联锁通信状态、CTC 与列控通信状态、CTC 与无线调度命令接收器通信状态、CTC 内部采集板状态。

设备名称	状态
CTC主备状态	主机
CTCAB机状态	A机
CTC网络状态	正常
CTC主备串口通讯状态	正常
CTC与联锁A通信状态	正常
CTC与联锁B通信状态	正常
CTC与列控A通讯状态	正常
CTC与列控B通讯状态	正常
CTC与无线调度命令接收器通讯状态	正常
采集板状态	正常

设备名称	A 状	B 状
CTC 主备状态	备机	无效
CTC 与联锁通信状态	故障	无效
CTC 与联锁B机通信状态	故障	无效
CTC 与列控通信状态	故障	无效
CTC 与列控B机通信状态	故障	无效
CTC 与无线调度命令转接器通信状	故障	无效
CTC 网络状态	故障	无效
CTC 主备串口通信状态	正常	无效
CTC 内部进程工作状态	正常	无效
CTC 采集板1	故障	无效
CTC 采集板2	故障	无效
CTC 采集板3	故障	无效
CTC 采集板4	正常	无效
CTC 采集板5	故障	无效
CTC 采集板6	正常	无效

图 1.6.16　CTC 接口设备状态[①]

（3）联锁设备状态：可以通过菜单栏【智能系统接口】→【联锁设备状态】打开，也可以通过右键菜单【联锁设备状态】打开。联锁设备状态界面如图 1.6.17 所示。联锁设备状态包括联锁接口状态和联锁设备状态。当系统配置的联锁接口通信中断时，不显示联锁设备状态及其状态信息；当联锁接口通信正常时，显示联锁设备状态及其状态信息。联锁设备工作状态分为"正常"或"异常"，"正常"用黑色字体显示，"异常"用红色字体显示。

---

①："通讯"为"通信"的旧称。

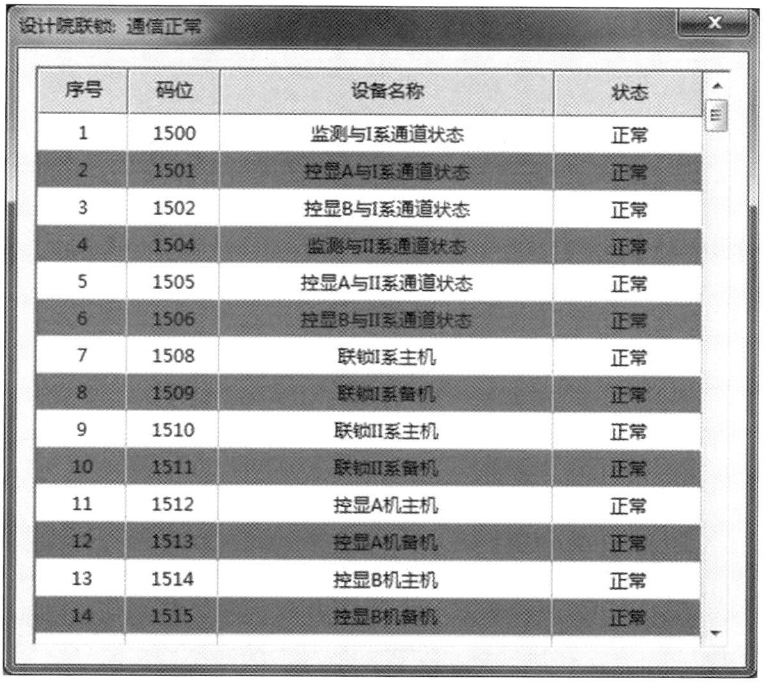

设计院联锁：通信正常

序号	码位	设备名称	状态
1	1500	监测与I系通道状态	正常
2	1501	控显A与I系通道状态	正常
3	1502	控显B与I系通道状态	正常
4	1504	监测与II系通道状态	正常
5	1505	控显A与II系通道状态	正常
6	1506	控显B与II系通道状态	正常
7	1508	联锁I系主机	正常
8	1509	联锁I系备机	正常
9	1510	联锁II系主机	正常
10	1511	联锁II系备机	正常
11	1512	控显A机主机	正常
12	1513	控显A机备机	正常
13	1514	控显B机主机	正常
14	1515	控显B机备机	正常

图 1.6.17　联锁设备工作状态

八、用户参数设置

参数修改包括模拟量上下限修改，参数校正、设备停用、其他参数设置。参数设置用于对设备的模拟量报警上下限参数进行设置，以及当采集设备上道时间较长出现零点漂移时对其系数校正。进入参数设备的方法如下：

方式一：可以通过点击菜单栏【辅助功能】→【参数修改】进入。

方式二：可以通过点击工具栏设置按钮进入。

进入参数设置需要输入用户名和密码，用户为班组成员。参数修改界面如图 1.6.18 所示。用户需先选择设备主类型、子类型、设备名称及采集项；然后系统将自动加载该设备的采集项的上、下限等参数，实测值数据；如果需要重新设置采集项的调整上限值为“22”，则可在调整上限值的文本框中将原来的“31”更改为“22”，然后单击【应用】按钮完成参数设置。同理可以通过当前采集的测试值，通过输入实际值对其系数进行校正。对于其他子系统通过接口送给 CSM 的数据，以及 2010 型监测采集模块采集的数据不需要进行系数校正。

上下限参数切换：用于选择不同的超限报警上下限的报警组，报警组共有晴天报警上下限、雨天报警上下限两组，上下限数值由终端设置下发。选择参数组，点击【启用】按钮即可完成参数切换。

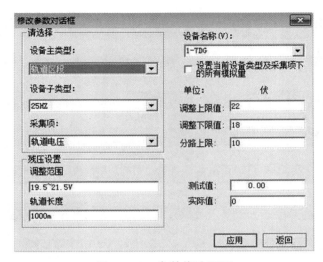

图 1.6.18　参数修改界面

九、站机程序启动和退出

站机程序有两种退出方法：第一种是在正常情况下的操作，在监测主界面状态下同时按下键盘上 Ctrl+Shift+Q 三个按键，再点击"确定"，即可退出程序；第二种是当站机软件死机，第一种方法无法操作时，按下键盘上 Ctrl+Shift+Delete 三个按键，在弹出的对话框中选择【注销】，注销后会自动重启。

集中监测站机在设备开通后就不能进入操作系统内部，站机软件由看门狗程序监护，不能停止。系统维护时若需要重启监测程序，此时退出程序即可，程序退出后会自动重启。

复习思考题

1. 铁路信号集中监测系统的监测范围包括哪些设备？

2. 铁路信号集中监测系统的体系结构如何配置？

3. 简述铁路信号集中监测系统的网络结构。

4. 电务段监测子系统应配置哪些设备？

5. 铁路局集团公司电务监测子系统中的应用服务器有哪些功能？

6. 铁路局集团公司电务监测子系统中的维护工作站有哪些功能？

7. 铁路信号集中监测系统采用哪种类型的网络体系结构？IP 地址的确定有何要求？

8. 铁路信号集中监测系统中哪些网络设备采用双套？

9. 各车站局域网之间如何连接？车站局域网与电务段之间怎样连接？

10. 外电网监测在哪里采样？外电网监测哪些条件下会报警？

11. 列车信号机非正常关闭报警条件是什么？

12. 信号集中监测系统测试哪些电源对地的漏泄电流？

13. 电源屏监测哪些项目？在什么位置采样？

14. 交流转辙机包括哪种类型？监测哪些项目？

15. 信号集中监测系统测试哪些信号电缆的绝缘？

16. 信号集中监测系统测试哪些模拟量？

17. 信号集中监测系统通过接口方式能获得哪些设备的状态信息和报警信息？

18. 计算机联锁监测哪些内容？采用哪种接口方式？

19. 无线闭塞中心RBC系统与监测系统接口有哪些要求？

20. 安全监督管理信息系统与监测系统信息共享原则有哪些？

21. 监测系统采集项目的安全目标有哪些？

22. 信号集中监测系统一级报警包括哪些信息？

23. 信号集中监测系统二级报警包括哪些信息？

24. 信号微机监测系统三级报警包括哪些信息？

25. 属于第一安全等级的采集项目有哪些？具有什么特点？

26. 信号微机监测系统监测站机的系统管理功能有哪些？

27. 综合采集机有哪些功能？

28. 采集机有什么作用？有哪两种形式？各有什么特点？

29. 智能采集单元如何与站机进行通信？

30. 智能采集单元的电源指示灯和运行指示灯正常，但无法通信，试分析原因。

道岔转辙设备曲线分析

转辙机的工作状态实质就是转辙机输出工作拉力的变化状态。在道岔转换设备维护检修中，测试转辙机输出工作拉力可以准确反映转辙机的工作情况和道岔的安装运用状态。转辙机的动作功率是转辙机实际推拉力的反映。

现场所用转辙机按其所用电源类型，可分为直流转辙机和交流转辙机。对于直流转辙机实时功率计算公式为 $P=UI$。其中，U 为定值，则 I 的实时变化正比于 P，因此，电流曲线可以如实反映 P 的变化。

对于交流转辙机，实时功率计算公式为 $P=UIcos\Phi$，其中，Φ 是相电压与相电流间的夹角。在道岔动作过程中，U 的峰值基本恒定，I 的峰值只有在启动和截止过程中有较大变化，在动作过程中变化不大，真正影响功率数值变化的是电压与电流间的相位夹角。

因此，直流转辙机可以采集电流，绘制曲线；交流转辙机可以采集电流相量和电压相量，绘制功率曲线。通过分析电流与功率曲线，即可判断转辙机的工作状态。

任务一　直流转辙机电流曲线分析

一、直流转辙机监测原理

对于直流转辙机，在动作回线处采样，根据 1DQJ 条件，连续监测道岔转换过程中转辙机动作电流、故障电流、动作时间、转换方向。新型的监测系统还增加了道岔分表示 DBJ 和 FBJ 的状态采集。

（一）1DQJ 采集

1DQJ 采集的主要目的是获得道岔动作的启动时间和结束时间，以方便描绘完整的道岔动作曲线。1DQJ 采集通常使用开关量采集模块采集 1DQJ 或 1DQJF 的一组低压半空接点（41、43 或 31、33）的闭合状态，如图 2.1.1 所示。

在开关量采集内部端子 4 和 5 之间是一个感应线圈，当道岔未动作 1DQJ 落下时，4 和 5

端子通过 1DQJ 的接点构成一个闭合回路,此时 3 号端子上输出 5 V 电压至道岔电流或道岔功率采集单元。

当道岔动作时,1DQJ 吸起,4 和 5 组成的回路因接点吸起而断开,此时 3 上的输出电压消失。电流和功率采集单元将 1DQJ 采集电压消失的时刻作为道岔启动的开始时刻,开始记录并上传采集的道岔动作曲线,直到道岔动作结束,1DQJ 落下,4 和 5 端子间回路重新闭合,3 上电压恢复,采集单元将此作为道岔动作曲线采集的结束点。

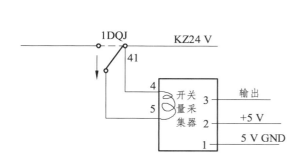
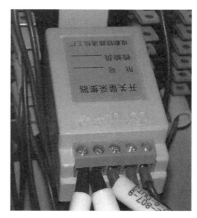

图 2.1.1 开关量采集器

(二) 直流转辙机电流采集

直流转辙机控制电路常用的有单机四线制控制电路和双机六线制控制电路。具体采集方案如图 2.1.2 所示。对于四线制道岔来说,电流采集使用电流传感器穿芯方式采集 X4 回线上的电流,即从分线盘 X4 到道岔组合 1DQJ 之间的电缆上的电流;对于六线制道岔,室外有两台转辙机,因此不能采集 X4 回线上的总电流,需使用两个传感器分别采集 1DQJ 至 2DQJF 间引往室外道岔去线上的电流。

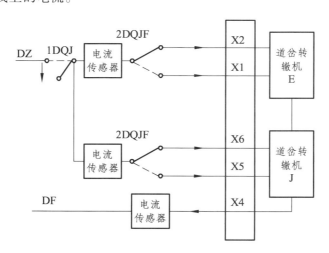

图 2.1.2 直流转辙机电流采集原理

图 2.1.3 所示为卡斯柯公司 CSM-ka 型铁路信号微机监测系统的两种直流电流传感器,左

边为旧的直流电流传感器，右边为较新的电流采集传感器。

旧的直流电流采集模块输出为模拟量，送入道岔采集机模拟量输入板，经选通送至 CPU 板进行 A/D 转换，再将转换后的数字信号（即电流曲线的数据）暂存在道岔采集机存储器里，当站机索要数据时，将一条完整的道岔电流动作曲线送往站机处理。开关量采集器采集的 1DQJ 的状态送入道岔采集机中的开关量输入板，记录道岔动作的起止时刻，即绘制电流曲线的起止时刻。

新的电流采集传感器为数字式传感器，其输出已直接转换成数字信号，通过 RS485 总线送入接口通信分机。开关量采集器采集的 1DQJ 的状态输出给电流采集传感器，控制对道岔动作电流的采集。

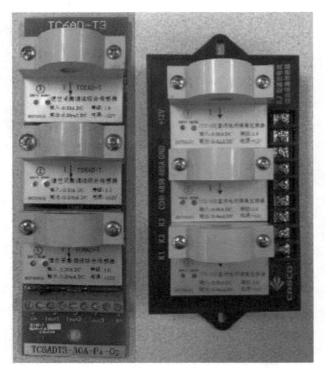

图 2.1.3　直流电流采集模块

直流传感器的安装维护要点如下：

（1）直流电流传感器采集的电流是有方向的，即道岔动作时流经传感器孔内采集线上的电流方向必须与传感器上标注的箭头方向一致。当电流方向反向时，传感器将采集不到电流，表现为曲线是一条 0 值的直线。直流电流的采集线在传感器上绕 3 匝，即孔内 3 根线。

（2）模块式的电流传感器可以通过道岔动作时测量模块输出的电压变化来确定模块是否有输出，正常道岔不动作时，模块输出点 out 对模块工作的电压为 12 V。当道岔动作时，电压在启动时增加到 13 V 以上，然后下降到 12.8 V 左右直到道岔动作结束。如果道岔动作时量不到电压，可检查电流采集线是否正确，孔内穿线方向是否有误。

图 2.1.4 所示为上海铁大的直流转辙机监测装置，其原理与卡斯柯公司的电流传感器基本相同，由开关量采集器低电平触发其工作，以穿芯方式采集到的电流转换成数字信号后直接

通过 RS485 通信至监测站机。

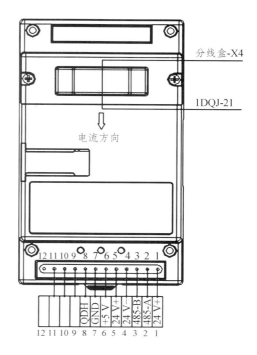

图 2.1.4　直流转辙机监测装置

（三）道岔分表示 DBJ 和 FBJ 的状态采集

如图 2.1.5 所示，卡斯柯公司 10 型的监测系统比 06 型的监测系统增加了道岔分表示 DBJ 和 FBJ 的状态采集，每个直流道岔电流采集模块有 3 个霍尔元件（电流互感器），可采集 3 组道岔的动作电流、1DQJ 状态和 DBJ、FBJ 状态。其中 K1、K2、K3 为 3 个 1DQJ 开关量采集的输入，D1F1、D2F2、D3F3 为 3 组 DBJ、FBJ 的开关量采集输入，KGND 和 COM 为 1DQJ 输入地端和 DBJ、FBJ 输入地端，还有模块的 12 V 电源输入端及 RS485 的通信输出端。

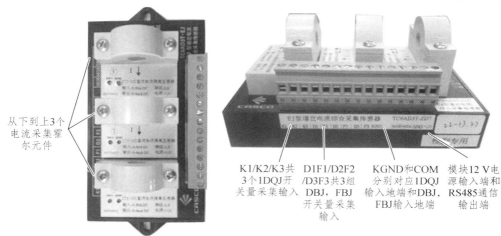

图 2.1.5　直流道岔电流采集模块

二、正常直流道岔曲线分析

由前面内容可知,对于直流转辙机,监测系统采集动作电流;对于交流转辙机,监测系统采集输出功率。无论是动作电流还是输出功率曲线,是一条以时间为横坐标,以一定测量时间间隔的各电流值或功率值逐点连接绘制而成的曲线,功率曲线分为 A、B、C 三相三条曲线。10 版监测系统监测交流转辙机形成的曲线可以是 A、B、C 三相电流曲线和一条总功率曲线。这些曲线蕴涵了道岔转换过程中的电气特性和机械特性。

如图 2.1.6 所示,下面以 ZD6 单机牵引道岔动作电流曲线为例,详细分析道岔动作电流曲线的时间及电流特性。

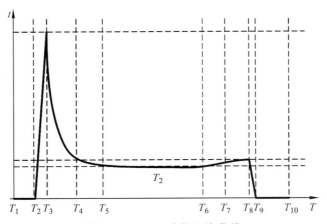

图 2.1.6 ZD6 动作电流曲线

(一) 时间特性

(1) T_2-T_1=1DQJ 吸起时间+2DQJ 转极时间≤0.3 s。

(2) T_3-T_2≤0.05 s,ZD6 电机上电时间。

(3) T_4-T_1≤0.6 s,其中 T_3-T_4 段为道岔解锁,密贴尖轨开始动作时间。

(4) T_7-T_4=道岔尖轨移动时间,时间的长短视转换阻力而变,一般取 $T_4 \sim T_7$ 的平均电流作为道岔动作电流。

(5) T_8-T_7≤0.25 s,尖轨密贴至道岔锁闭的时间,其电流值对应道岔的密贴力。

(6) T_9-T_8≤0.05 s,ZD6 完成机械锁闭,自动开闭器速动接点断开电路的转换时间。

(7) $T_{10}-T_9$=1DQJ 缓放时间≥0.4 s。

(二) 曲线各段的含义

(1) 电机启动时(T_2-T_3 段)曲线骤升,形成一个尖峰,峰顶值通常为 6 ~ 10 A。若峰值过高,说明道岔电机有匝间短路。

(2) 电流至峰点后迅速回落(T_3-T_4 段),弧线应平顺。若有台阶或鼓包,则为道岔密贴调整过紧造成解脱困难。

(3) T_4-T_5 段曲线基本呈水平状,略微向下。T_6-T_7 段为一略微向上的平顺曲线。T_5-T_6 段为一大半径,方向朝下的弧,谷底值与 T_4-T_5 或 T_6-T_7 段的平均值之差,不应大于 0.4 A,若大于则说明工务尖轨有转换障碍（根部阻力、滑床板缺油、尖轨吊板等）。

（4）T_4-T_7 段平均值为转辙机工作电流。曲线应平滑，若电流幅值上下抖动则有如下可能：滑床板凹凸不平、炭刷与整流子面接触不良或有污垢、电机有匝间短路。T_4-T_7 段曲线若有大量的回零点，则为电机转子断线。

（5）T_7-T_8 段为锁闭电流，一般高于 T_6-T_7 段，但不应高出 0.25 A 以上，若有则为道岔密贴调整过紧。当道岔进行 4 mm 试验时，在 T_8 后有一串逐渐下滑的波动段，波峰与波谷间的电流之差不应大于 0.35 A，若大于则为摩擦带不良。

（6）T_9-T_{10} 段为 1DQJ 缓放时间。

（三）双动、三动及四动道岔电流曲线

其动作过程是串联的，第一动转换完毕，其自动开闭器接点自动切断其动作电流，同时接通第二动的动作电流，以此类推，因此其动作电流曲线是单动的组合，如图 2.1.7 所示。

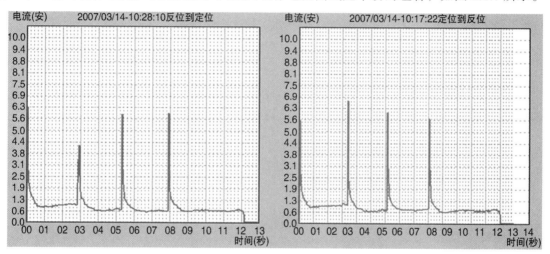

图 2.1.7　四动道岔动作电流曲线

三、直流电流异常曲线分析举例

（一）道岔转辙设备故障引起的异常曲线分析

1. 启动延迟曲线

如图 2.1.8 所示，道岔启动前有一段时间（大约是零点几秒）道岔动作电流为 0。
产生的原因可能是启动电路中的某一个继电器接点接触不良或继电器本身不良造成。

2. 自动开闭器动作不灵活曲线

如图 2.1.9 所示，道岔反位到定位转换正常；定位到反位转换，道岔机械锁闭时，电流曲线发生了延时，从原来的 6 s 延时到 9 s 左右。
产生的原因是自动开闭器的几个轴（拐轴、自动开闭速动爪轴、连接板轴）动作不灵活。处理的方法是在各轴上注钟表油或变压器油。

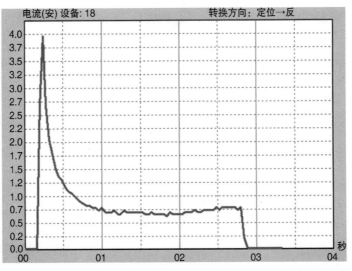

图 2.1.8　启动延迟曲线

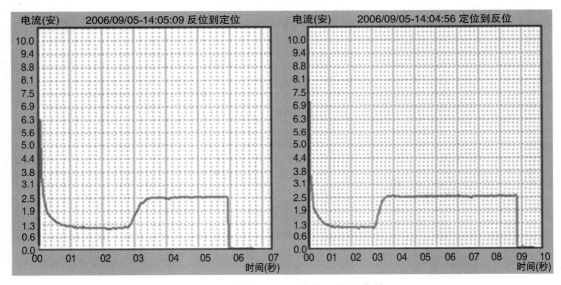

图 2.1.9　自动开闭器动作不灵活曲线

3. 锁闭电流超标曲线

如图 2.1.10 所示，道岔在 4.5 s 左右时，道岔锁闭电流增大。正常的锁闭电流比转换电流稍大不超过 0.25 A，而图中的锁闭电流比转换电流大 1.7 A，达到了 3 A。

产生的原因是道岔调整过紧、齿条块缺油等多种原因。处理的方法为密贴调整、注油等。

4. 动作电流不平滑曲线

如图 2.1.11 所示，道岔动作电流形状完整，但呈现锯齿状的波动，曲线非常不平滑。

产生的原因是电机炭刷与转换器面不是圆心弧面接触，只有部分接触，电机在转动过程中，换向器产生环火；电机换向器有断格或电机换向器面清扫不良；滑床板清扫不良等。

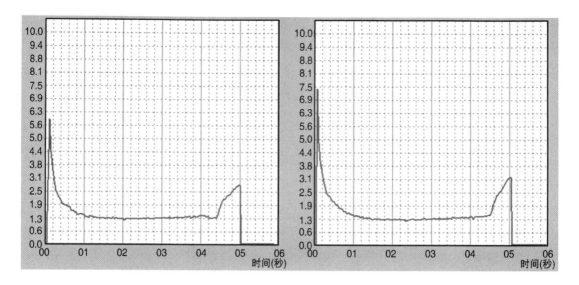

图 2.1.10 锁闭电流超标曲线

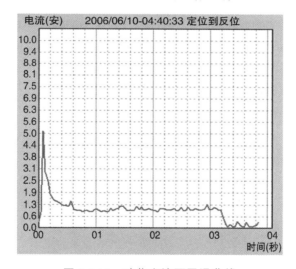

图 2.1.11 动作电流不平滑曲线

5. 不锁闭曲线

如图 2.1.12 所示，道岔动作电流曲线长时间在一个固定值范围内，电流值达到了摩擦电流的数值，说明道岔不能锁闭，转换过程超时。

产生的原因是道岔夹异物或摩擦电流小。

6. 启动电路断线

如图 2.1.13 所示，道岔反位到定位转换电流曲线正常，定位到反位转换的动作电流几乎为 0。

产生的原因是定位到反位转换启动电路断线故障。

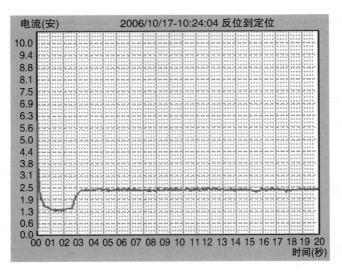

图 2.1.12　不锁闭曲线

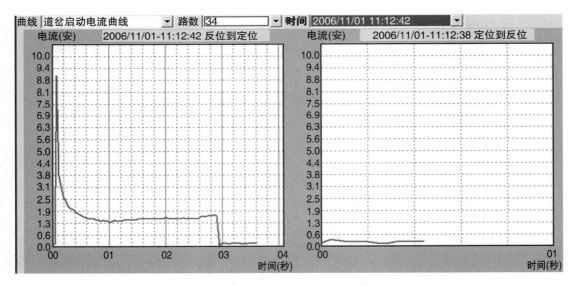

图 2.1.13　启动电路断线曲线

7. 道岔动作电流过小或 1DQJ 不良曲线

如图 2.1.14 所示，双动道岔反位到定位转换正常，道岔定位到反位转换过程中，突然停转，控制台无表示，实际道岔处在四开状态。

产生的原因：一是动作电流过小或是电机特性不良；二是 1DQJ 继电器 1-2 线圈工作不良，继电器保持不住。

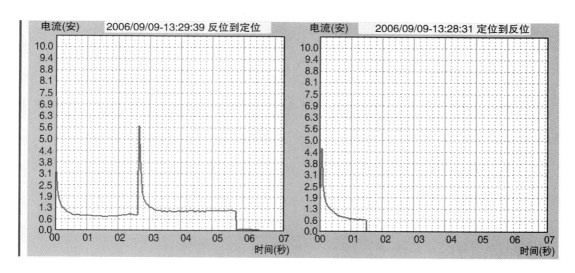

图 2.1.14　1DQJ 不良曲线

8. 抱死曲线

如图 2.1.15 所示，双动道岔的第一动转换正常，第二动电流升高至 8 A 左右，产生抱死曲线。

产生的原因：如果卸下电机后，用手摇把摇，能摇动，则说明为电机抱死；摇不动，则说明是减速器抱死。

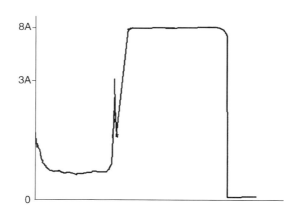

图 2.1.15　抱死曲线

9. 不能解锁曲线

如图 2.1.16 所示，道岔曲线为一条 1.5 A 左右的直线。

产生的原因可能是：启动时就不能解锁，也就是启动时就空转。处理方法：一是振动动作杆；二是松开密贴杆螺丝，再扳动；三是摘下动作杆，再扳动试验，同时在削尖齿处注润滑油。

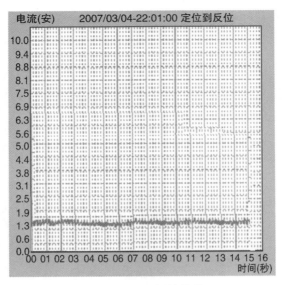

图 2.1.16　不解锁曲线

10. 解锁不良曲线

如图 2.1.17 所示，道岔反位到定位转换正常，定位到反位转换时，道岔解锁电流增大至 2 A 左右，有一个比较明显的凸起。

产生的原因：更换转辙机施工后道岔力量大，调整后恢复。

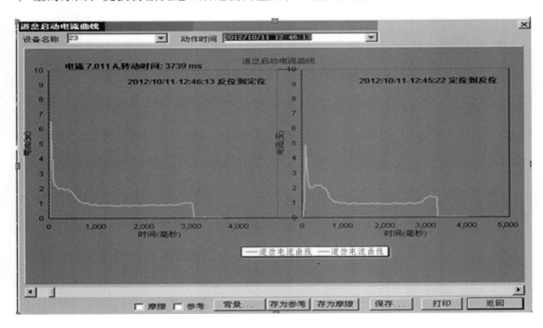

图 2.1.17　锁闭不良曲线

11. 电机不良曲线

如图 2.1.18 所示，（a）图曲线道岔在反位到定位转换时，E 机动作电流明显变大且动作电流不稳定，有比较明显的波动，同时动作时间也由常值 4.9 s 左右变长至 6.8 s。

产生的原因为电机不良，更换电机后如（b）图所示曲线恢复正常。

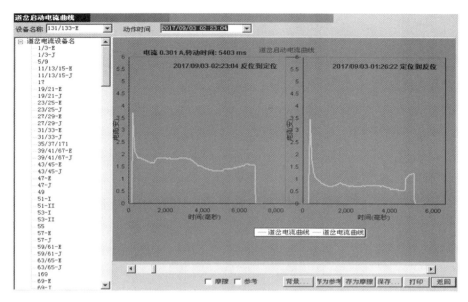

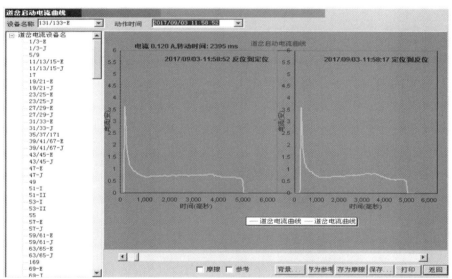

图 2.1.18　电机不良曲线

12. 减速器不良曲线

如图 2.1.19 所示，道岔在测试摩擦电流时，摩擦电流值非常不稳定，摩擦电流不均衡并带有密集毛刺。

产生的原因为减速器故障，更换新的减速器后曲线恢复正常。

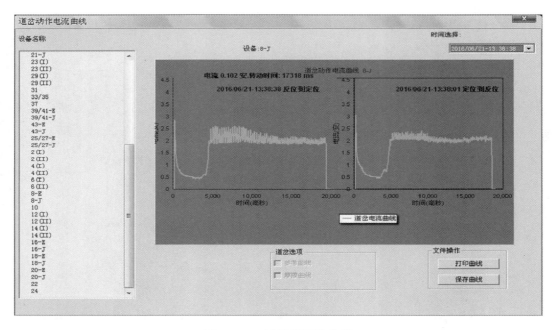

图 2.1.19　减速器不良曲线

13. 双机牵引道岔启动不同步曲线

如图 2.1.20 所示，E/J 双机牵引道岔反位到定位扳动时，动作曲线启动时异常，双机启动不同步，相差 1 s（其中的一机动作迟缓）。

产生的原因为接点接触不良，擦拭接点后再次扳动，道岔曲线恢复正常。

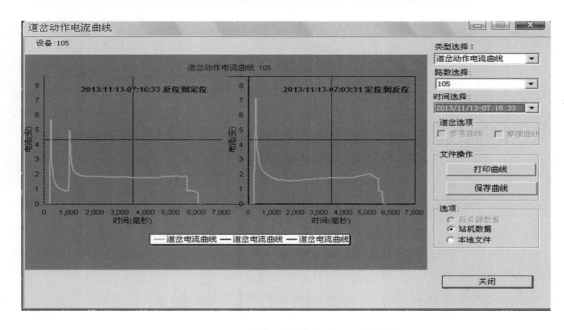

图 2.1.20　双机牵引道岔启动不同步曲线

14. 电机内部混线曲线

如图 2.1.21 所示，E/J 双机牵引道岔反位到定位转换时曲线出现异常，5 s 左右时启动电流增高且持续时间较长。

产生的原因为电机内部混线。

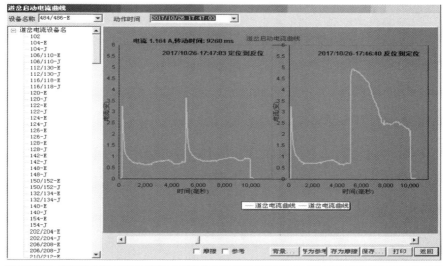

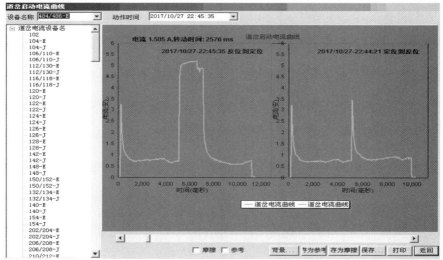

图 2.1.21　电机内部混线曲线

（二）采集设备故障的异常曲线分析

采集设备或采集电路故障，会导致转辙机动作曲线不正常，具体分析如下：

（1）道岔动作后，对应的时间点程序无任何曲线记录。

对于使用模块采集的道岔电流曲线，可判断是 1DQJ 采集有问题，可能是 1DQJ 配线出错，或开关量采集模块损坏，以致记录不下任何曲线。如果是电流功率采集单元，还需检查对应的采集单元 485 通信是否正常，对应的 5V GND 环线是否配置。

（2）道岔动作后，对应时间只有一条 0 值的直线，且直线的时间长度与道岔动作时间一致。

可认定道岔的 1DQJ 采集正常，而电流或电压采集部分未能采集到正常数值，需检查电流采集模块是否损坏，直流电流穿孔方向是否反向，电流采集配线是否配错，对于三相功率采集还需检查对应的 380 V 电压采集是否为 0。

（3）所有道岔都在同一时间内出现一条 0 值曲线后，再无其他曲线记录。

可检查开关量采集模块的 5 V 工作电源是否没有正常供出，5 V 输出保险是否烧坏。对于采集单元送出的曲线，还需检查对应的采集单元 12 V 电源是否正常。

（4）直流道岔模块采集的电流曲线为一条高值的直线。

可判断对应的电流采集模块可能损坏，也可能是对应的采集模入板没有调成电流型输入。

任务二　交流转辙机功率曲线分析

一、交流转辙机监测原理

交流转辙机包括 ZYJ 系列液压道岔转辙机、S700K 系列、ZDJ-9 系列交流电动转辙机。交流转辙机根据 1DQJ 条件连续监测道岔转换过程中转辙机动作功率、电流、动作时间、转换方向，电压采样在断相保护器输入端，电流采样在断相保护器输出端。卡斯柯公司 CSM-ka 的监测系统增加了道岔分表示 DBJ、FBJ 状态的采集、BHJ 状态的采集和断相保护器输出的用来驱动 BHJ 的直流电压的监测，这个直流电压在断相保护器 DBQ 的 1、2 接点上采集。

（一）1DQJ 采集

1DQJ 状态的监测使用开关量采集模块采集 1DQJ 和 1DQJF 的一组低压半空接点（41、43 或 31、33）的闭合状态，原理与直流道岔一致。

（二）交流转辙机功率采集

为了采集三相交流转辙机功率曲线，必须同时采集三相电压和三相电流。采集点位于三相道岔的断相保护器上，电压采集断相保护器的 11、31、51 上的电压，电流采集通过将断相保护器 21、41、61 输出的三相电流驱动线经电流传感器穿孔采集。

图 2.2.1 所示为卡斯柯公司电流传感器和智能采集单元，电流传感器安装于提速道岔组合背面，智能采集单元安装于采集组合。每个三相道岔功率采集单元配一个三相电流采集互感器。电流传感器为有源器件，使用 12 V 大功率电源，输出 4 根配线分别对应 I_a、I_b、I_c、I_n 接功率采集单元。功率采集单元输出信息包含道岔三相电压、电流、功率、1DQJ 状态、DBJ 状态、FBJ 状态以及道岔动作时三相电流及总功率曲线。

图 2.2.2 所示为交流道岔功率采集原理。道岔启动时，1DQJ 吸起，开关量采集器输出至功率采集单元的 5 V 电压信号消失，功率采集单元以此时刻作为道岔启动时刻（即功率曲线起点）。功率采集单元开始处理电流传感器采集的三相电流信号和自身采集的三相电压信号，

同时计算同相电流电压之间的相位夹角，最后形成三相功率曲线的数据。当1DQJ落下，开关量采集器输出至功率采集单元 5 V 电压信号，功率采集单元以此时刻作为道岔动作结束时刻（即功率曲线终点）。

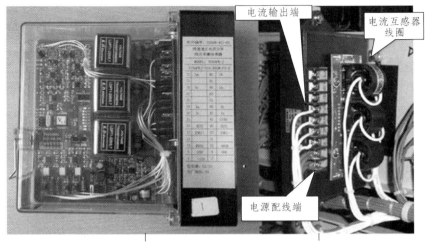

图 2.2.1　交流电流传感器及智能采集单元

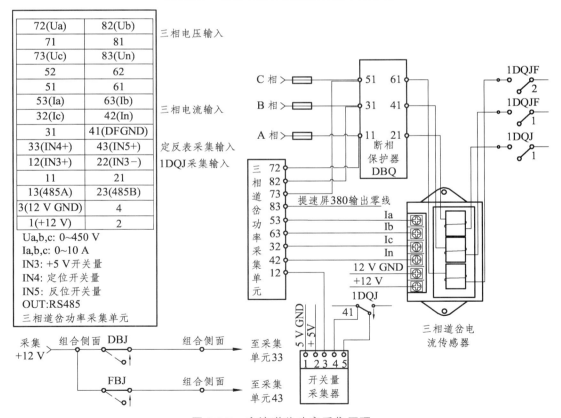

图 2.2.2　交流道岔功率采集原理

三相道岔功率采集单元设置在组合架附近，一个采集单元采集一组转辙机的三相电压、电流、1DQJ 和定反表示开关量。电压的采样点 U_a、U_b、U_c 平时在不扳动道岔时不直接与外线相接，经由 1DQJ 和 1DQJF 接点断开外线，只有在道岔扳动时，1DQJ 吸起过程中，该采样点与外线接通。三相电压采集配线位置在断相保护器（DBQ）前级端子 11、31、51 点上。电流采样位置为 DBQ 输出与 1DQJ 之间，采用互感器方式，穿芯采集。

三相道岔功率采集单元的安装维护要点如下：

（1）三相电压采集与三相电流采集必须一一对应，即 A 相电压与 A 相电流，B 相电压与 B 相电流，C 相电压与 C 相电流相对应，才能计算出正确的功率曲线，否则功率曲线将显示不正常。

（2）电流传感器的好坏可以根据测量传感器输出点和 12V GND 之间的直流电压确定。当电流传感器的配线配好到采集单元上时，I_a、I_b、I_c 各端点对 12V GND 间能测量到 12 V 的直流电压。如果测量不到这个电压，则说明电流传感器损坏。

（3）提速电流传感器的穿孔匝数为孔内 2 芯线。

图 2.2.3 所示为上海铁大的提速道岔电流功率监测装置，其原理与卡斯柯公司的交流道岔功率采集原理基本相同，采集到的电流及功率曲线转换成数字信号后直接通过 RS485 发送至监测站机。

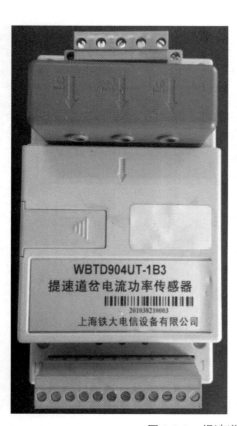
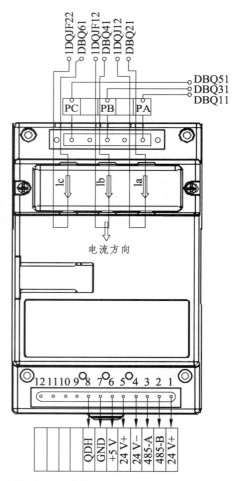

图 2.2.3　提速道岔电流功率传感器

（三）道岔分表示状态采集

对于道岔定反位分表示状态，通常采集对应转辙机 DBJ 和 FBJ 上的一组空接点，将采集电源送至对应的中接点上，从前接点配线至采集单元。

（四）断相保护器输出电压采集

断相保护器输出的用来驱动 BHJ 的直流电压的监测，在断相保护器 DBQ 的 1、2 接点上采集。

（五）BHJ 状态采集

对于 BHJ 状态，采集它的一组空接点的前接点，如果没有空接点，应采用半组接点采集方式或增加复示继电器方式进行采集。

对于 1DQJ、BHJ、DBJ、FBJ 等关键继电器的状态采集，监测系统会校核各信号子系统间同源信息的一致性；同时校核各信号子系统间逻辑关系的一致性；检查信息在各信号子系统间流转的闭环性。监测系统通过对信号子系统接口间的关键数据进行数据比对及逻辑分析，实现安全风险提示，起到安全监督作用。

二、正常交流道岔曲线分析

正常情况下，三相道岔的相功率曲线共有 A、B、C 三条，在道岔动作过程中，这三条曲线基本重叠，只有在道岔动作结束的末尾会出现一条曲线先下降到 0，另外两条曲线呈阶梯状下降的情况。这是因为室外电路的截止，使一相先切断，另外两相经道岔表示回路仍有部分电流造成的，如图 2.2.4 所示。

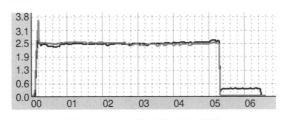

图 2.2.4　正常交流道岔曲线

三、交流功率异常曲线分析举例

1. 室外二极管故障曲线

如图 2.2.5（a）所示，显示正常曲线在 5.3 s 后应该有由两项电源曲线组成的小台阶。这个小台阶大概在 0.5 ~ 0.6 A，如图 2.2.5（b）所示，小台阶上升到 1 A 左右。

产生的原因为室外二极管故障。

2. 解锁困难曲线

如图 2.2.6 所示，该道岔在解锁时有一个很大的向上的毛刺，并且整个动作过程中电流曲线不平滑。

产生的原因：经检查发现在尖轨处有一枕木歪斜，以至枕木上的滑床板与尖轨底部形成点接触，造成道岔解锁困难。

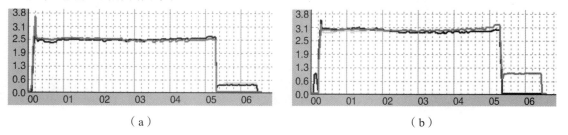

（a）　　　　　　　　　　　　（b）

图 2.2.5　室外二极管故障曲线

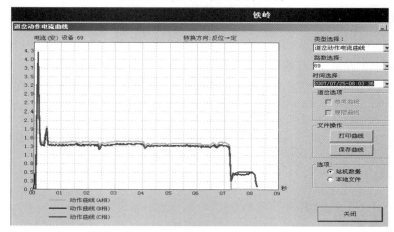

图 2.2.6　解锁困难曲线

3. 滑床板断裂曲线

如图 2.2.7 所示，该道岔启动后经过 5.5 s 锁闭，但道岔动作电流曲线很不规范，动作电流在 4 s 时发生了很大的变化，电流急剧上升。

产生的原因为道岔尖轨左侧第三块滑床板断裂，更换完毕后扳动道岔时曲线良好。

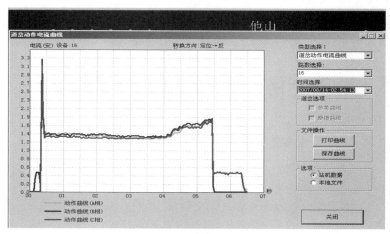

图 2.2.7　滑床板断裂曲线

4. 断相曲线

如图 2.2.8 所示，某站 S700K 道岔发生不能启动故障，电流曲线表明：A 相电流为零，说明道岔不能启动的原因是 A 相电源缺相；另外两相电流数值达到 3.5 A，1 s 以后回到零位。

产生原因为星形连接的三相电动机，当一相缺相，另外两相电流值能达到额定电流的 1.73 倍，造成电机线圈发热，进而烧坏电机。所以三相电机的控制电路中都要设计三相断相保护电路。在 S700K 道岔控制电路中，是以断相保护器来完成断相保护的，在一相断相时，断相保护器中电流不平衡，即输出一个直流电压驱动断相保护继电器，来切断三相电机的动作电路，使电机停转，所以就有了如图 2.28 所示的电流曲线。

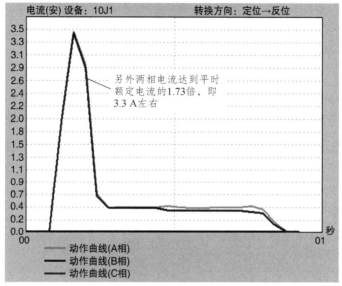

图 2.2.8　断相曲线

5. 启动电路接点接触不良曲线

如图 2.2.9 所示，三相电流的其中一相电流为 0，另外两相也因 BHJ 的作用电流很快归 0，可以看到它的启动电流时间是很短的，只有不到 0.5 s 的时间。

产生的原因为道岔启动电路接点接触不良，它与断相曲线相似。

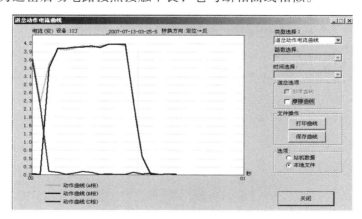

图 2.2.9　启动电路接点接触不良曲线

6. 未解锁曲线

如图 2.2.10 所示，道岔在转动 2 s 以后，动作电流开始发生变化，出现卡阻曲线。从时间上大致可以推断，此时道岔外锁闭铁还未完全解锁，即锁钩还没有落下去。

产生的原因：发生这种故障的原因有很多，有可能是道岔尖轨处轨距发生改变使锁钩与基本轨过紧，或是道岔锁钩处生锈造成锁钩落不下去不解锁，或是锁钩底部与动作杆之间夹石头造成锁钩落不下去不解锁等。

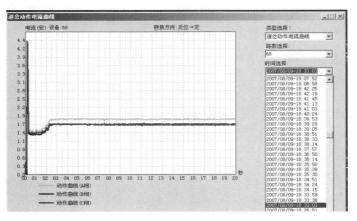

图 2.2.10　未解锁曲线

7. 卡阻曲线

如图 2.2.11 所示，道岔从反位往定位扳动时一直处于卡阻状态，经过 12 s 后开始往反位扳动，后面的 12 s 时曲线上的尖是往回扳动时的启动电流曲线。经过 4 s 以后，反位表示良好。

产生的原因为道岔夹异物。

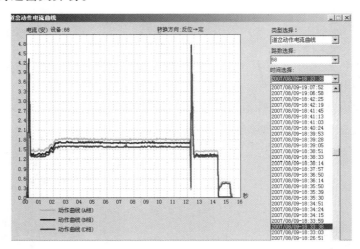

图 2.2.11　卡阻曲线

8. 2DQJ 故障曲线

如图 2.2.12 所示，道岔反位到定位转换正常，道岔定位到反位动作时上电时间较长，说明 1DQJ 励磁吸起、2DQJ 转极时间较长。

产生的原因为 2DQJ 故障，更换 2DQJ 后曲线恢复正常。

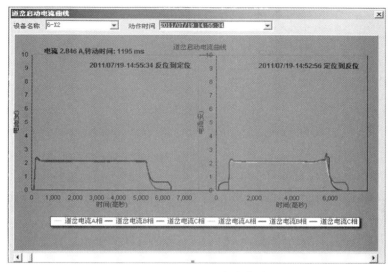

图 2.2.12　2DQJ 故障曲线

9. 电流为 0 曲线

如图 2.2.13 所示，道岔反位到定位转换正常，定位到反位转换时，采集的电流曲线为一条直线，数值为 0。

产生的原因可能为：

（1）天窗作业更换 1DQJ 造成；

（2）采集异常，采集传感器不良，造成电流曲线无法正常采集；

（3）道岔启动电路故障，启动电路未接通（注意开关量显示及直线终止的时间点）。

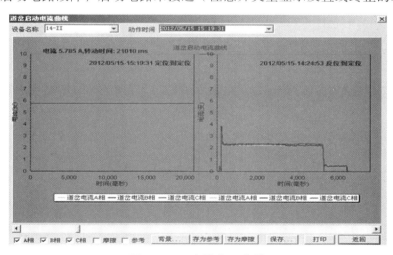

图 2.2.13　电流为 0 曲线

10. 锁闭电流下降曲线

如图 2.2.14 所示，道岔锁闭时电流下降，没有出现锁闭电流，说明接点转换慢。

产生的原因为接点组接触不良，更换了接点组后曲线恢复正常。

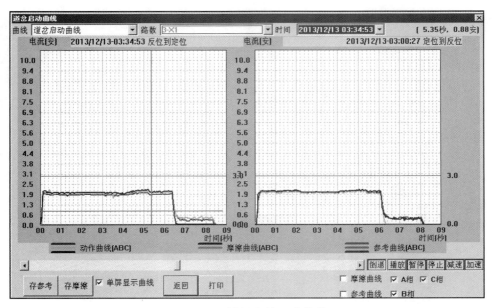

图 2.2.14　锁闭电流下降曲线

11. 三相电流不平衡曲线

如图 2.2.15 所示，道岔在反位到定位转换时，三相电流不平衡，说明通道电阻发生变化。

产生的原因为道岔在作业过程中，将 A 相分线盘至室外电缆盒间配线用两根电缆并联时，A 相阻值发生了变化，造成三相电流不平衡，A 相电流变大；将电缆倒至备用芯后（即只用一芯电缆供电），三相电流即恢复平衡。

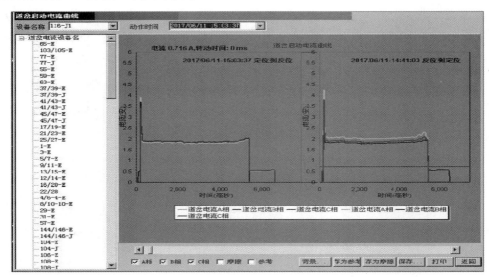

图 2.2.15　三相电流不平衡曲线

12. 接点组接触不良曲线

如图 2.2.16 所示，道岔在定位到反位转换时，蓝色的 B 相电流曲线在道岔动作完毕，接点转换瞬间发生了电流下降。

产生的原因为接点组 11-12 接触不良，打火花造成。

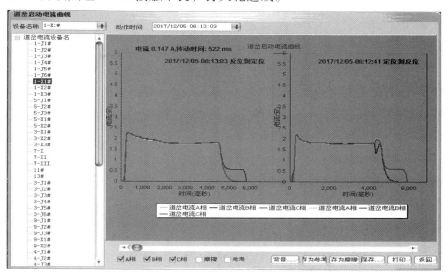

图 2.2.16　接点组接触不良曲线

13. 接点粘连曲线

如图 2.2.17 所示，道岔在定位到反位转换时，机械锁闭后，有两相电的电流没有下降，说明动作电路接点未断开。

产生的原因为道岔动作结束接点粘连断不开，工区更换接点组后曲线恢复正常。

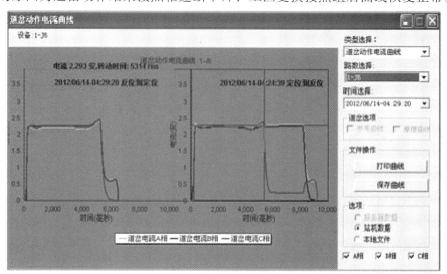

图 2.2.17　接点粘连曲线

14. 电流瞬间为 0 曲线

如图 2.2.18 所示，道岔反位到定位转换时，Ⅰ、Ⅱ牵引点动作正常；道岔定位到反位转换时，Ⅰ、Ⅱ牵引点动作电流在 1 s 左右同时瞬降到 0 A。

产生的原因：查看电源电压曲线发现，造成道岔曲线异常的原因为 DJZ 220 V 电源电压下降。

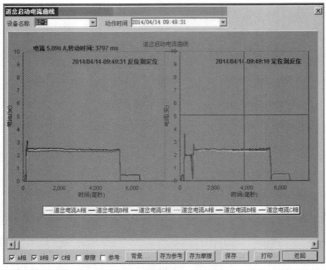

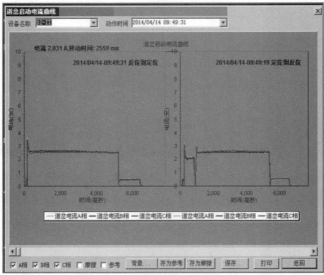

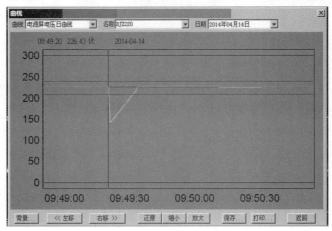

图 2.2.18　电源瞬间为 0 曲线

15. 电流不规则曲线

如图 2.2.19 所示，道岔反位到定位转换正常，定位到反位转换时电流曲线不规则，呈现锯齿状的波动。

产生的原因为在道岔电流信息采集过程中，由于传感器不良或道岔扳动过程中存在互相干扰造成道岔曲线不规则。

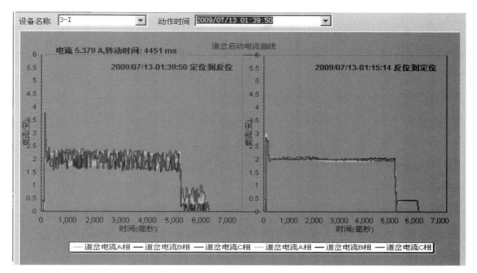

图 2.2.19　电流不规则曲线

16. 电压、电流采集匹配错位曲线

三相道岔的相功率曲线，在道岔的一次动作过程中应该是形状一致，基本重叠的，如图 2.2.20 所示，出现一相曲线为正常的启动曲线，如图中黑线所示，而另外两相曲线一相较高、一相较低，如图中红线和绿线所示。

产生的原因为图中绿色的 A 相曲线和红色的 C 相曲线电压与电流采集匹配错位。

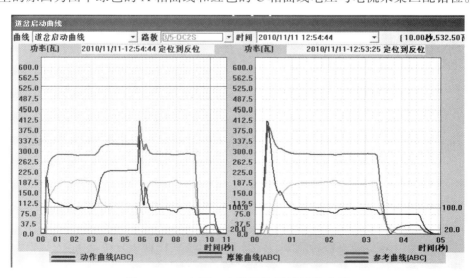

图 2.2.20　电压、电流采集匹配错位曲线

17. 道岔室外电缆配线错误曲线

如图 2.2.21 所示，如果道岔定到反、反到定的两次转动中，一次曲线正常，另一次在结束末尾有一相功率超高。

产生的原因大部分是道岔室外电缆配线有误，需让施工单位检查室外配线。

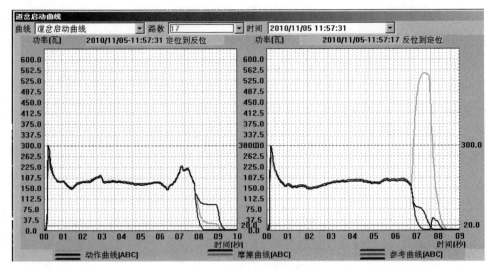

图 2.2.21　道岔室外电缆配线错误曲线

任务三　道岔表示电压曲线分析

一、道岔表示电压监测原理

道岔表示电压监测在分线盘道岔表示线处进行采样，监测道岔表示的交、直流电压。

直流道岔控制电路，定位表示采集分线盘 X1 和 X3，X1 为正，X3 为负。反位表示采集分线盘 X3 和 X2，X3 为正，X2 为负。

交流道岔控制电路，定位表示电压采集分线盘 X4 和 X2，X4 为正，X2 为负。反位表示采集分线盘 X3 和 X5，X3 为正，X5 为负。

卡斯柯 06 型的监测系统，每个道岔采集单元可采集 4 组道岔的表示电压。每个道岔定位和反位各两根采集线。道岔表示采集单元每层组合可安装 9 个采集单元，一层采集 36 组道岔的表示电压。采集电路原理如图 2.3.1 所示。

卡斯柯公司 CSM-ka 微机监测系统，在采集道岔表示电压的同时，增加了道岔表示继电器状态的采集，在前面介绍的电流和功率采集器上增添了对应的采集端子，这里不再赘述。

道岔表示电压采集单元的安装维护要点如下：

（1）道岔表示电压的检查相对简单，只需逐一比较采集点（分线盘），采集组合侧面和采集单元底座上的电压是否一致。如果不一致则是相关配线有误，如果一致而程序显示不对，则应该检查采集单元是否故障或程序配置是否有误。

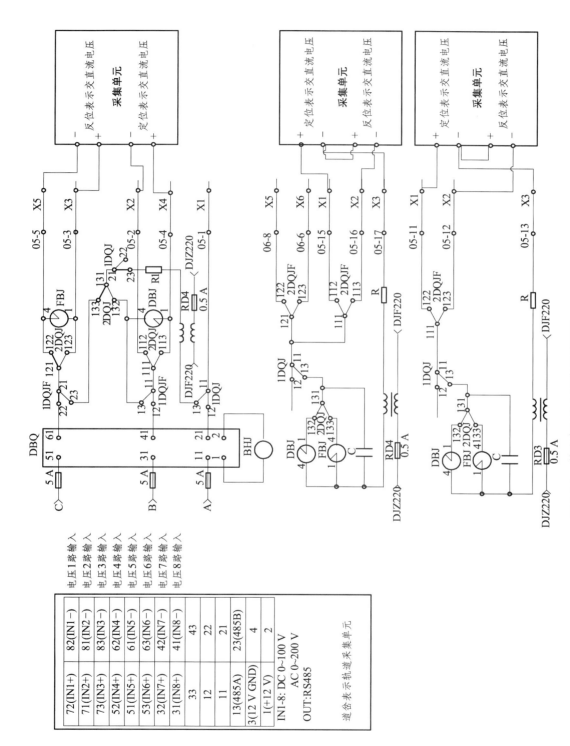

图 2.3.1 道岔表示电压采集电路原理

（2）道岔表示电压是交直流混合采集，即两根采集线上，既含直流电压又含交流电压。因此，采集配线的正负很重要，如正负配线配反，程序上将显示不出直流电压的数值。

（3）正常直流道岔在一个位置时（定位或反位）交流电压为 60 ~ 70 V，直流电压比交流电压低约 10 V。交流道岔在一个位置时（定位或反位）交流电压约为 60 V。直流电压约为 20 V。

（4）采集单元工作的 12 V 直流电源对道岔表示采集数值影响较大，当电源低到 9V 以下时，会造成表示电压的数值超高。

（5）道岔表示电压的调试核对，可在采集数值上来后，转动道岔，看相关的表示电压数值是否相应变化。

上海铁大的道岔表示电压采集采用道岔表示电压组合、电源盒、道岔表示电压采集盒三部分组合采集，如图 2.3.2 所示，其中道岔表示电压采集盒分为直流道岔表示电压采集盒和交流道岔表示电压采集盒两种。1 个组合可插 1 个电源盒和 8 个采集盒。一个直流道岔表示电压采集盒可以采集 8 路信息，一个交流道岔表示电压采集盒可以采集 4 路信息。原理与卡斯柯公司基本一致。

（a）直流道岔表示电压采集盒

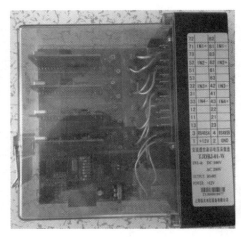

（b）交流道岔表示电压采集盒

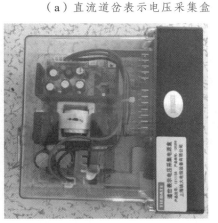

（c）电源盒

（d）组合

图 2.3.2　道岔表示电压采集

二、正常道岔表示电压曲线分析

正常曲线在 5.3 s 后应该有由两项电源曲线组成的小台阶。这个小台阶大概在 0.5 ~ 0.6 A，如图 2.3.3 所示。

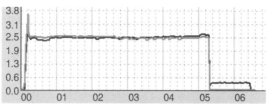

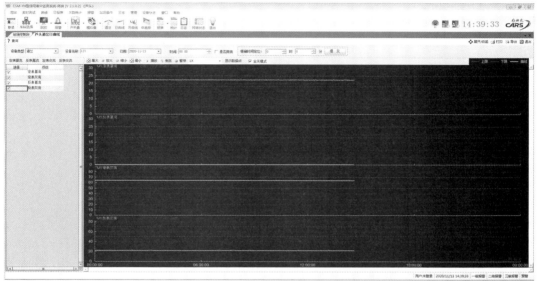

图 2.3.3　正常道岔表示电压曲线

（一）表示电路正常时工作电压

道岔在定位时，X2 与 X1、X4 间的交流电压在 55 ~ 60 V，直流电压为 21 ~ 24 V；道岔在反位时，X3 与 X1、X5 间的交流电压在 55 ~ 60 V，直流电压为 21 ~ 24 V。DBJ 和 FBJ 的线圈交流电压在 58 V 左右，直流电压在 21 ~ 22 V。

（二）故障分析（以定位举例说明）

（1）测分线盘电压，X2 与 X1 间无电压。测 R_1 两端电压，若无电压，则说明是室内表示电源断线故障，当测到较高的交流电压时，则说明室外有混线故障。

（2）测分线盘电压，X2 与 X1 间有交流 110 V 电压，则为室外断线故障。

（3）测分线盘电压，定位 X2 对 X1 测的交流电压为 20 ~ 30 V，没有直流电压，则为室外整流匣中的二极管混线。

（4）测分线盘电压，定位 X2 对 X1 测的交流电压为 65 V 左右，直流电压为 35 V 左右，则为 X4 外线断线。

三、道岔表示电压异常曲线分析举例

1. 无小台阶曲线

如图 2.3.4 所示，此曲线没有正常曲线应该有的由两项电源曲线组成的小台阶。道岔由反位往定位扳动时，道岔定位表示没有。当时道岔从反位往定位扳动时，道岔动作电路正常，动作电流曲线平滑。

产生的原因：道岔在锁闭时，出现这种曲线，基本上是由于道岔自动开闭器动接点没有完全打过去，检查柱没有落到表示杆缺口内造成。

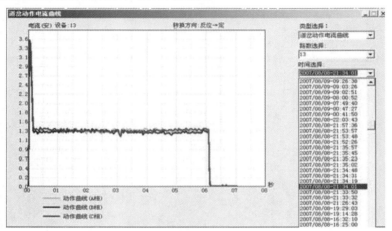

图 2.3.4　无小台阶曲线

2. 小台阶升高曲线

如图 2.3.5 所示，道岔由定位到反位转换正常，道岔由反位到定位转换时，小台阶电流升高，小台阶电流由 0.5 A 上升至 1 A。

造成此异常曲线的原因为整流匣中二极管短路。

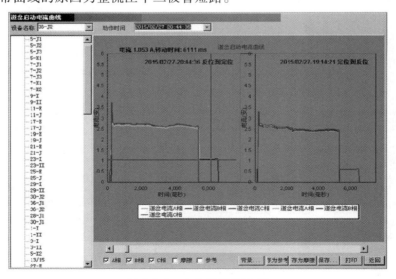

图 2.3.5　小台阶升高曲线

3. 小台阶降低曲线

如图 2.3.6 所示，道岔由反位到定位转换正常，由定位到反位转换时，小台阶电流降低，小台阶电流由 0.5 A 下降到 0.3 A。

造成曲线异常的原因为整流匣内并联的电阻其中有一支断线。

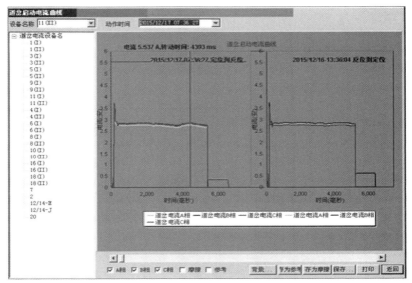

图 2.3.6　小台阶降低曲线

4. 小台阶时间变长曲线

如图 2.3.7 所示，道岔由反位到定位转换时，小台阶时间变长，小台阶电流持续的时间由常值 2 s 变长至 9 s。

造成此曲线异常的原因为断相保护器不良。

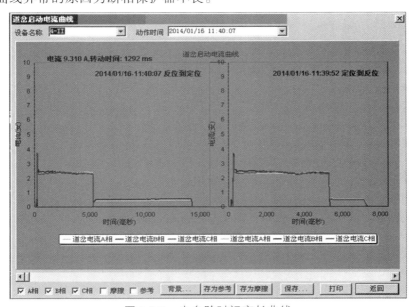

图 2.3.7　小台阶时间变长曲线

5. 小台阶形成时间变长曲线

如图 2.3.8 所示，道岔由定位到反位转换正常，由反位到定位转换时，小台阶形成得较慢，在 5.2 s 左右出现了一个短暂的时间间隔。

产生的原因为受密检器影响，更换密检器后动作电流曲线恢复正常。

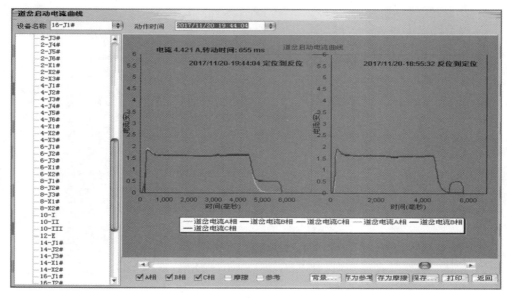

图 2.3.8　小台阶形成时间变长曲线

6. 整流匣烧损曲线

如图 2.3.9 所示，道岔表示的直流电压降低时扳动道岔，道岔小台阶电流值低。道岔定位表示直流电压由 21.3 V 降至 16.43 V，同时道岔动作电流曲线小台阶电流降至 0.38 A。

造成此曲线异常的原因为整流匣烧损，并联的电阻其中一只烧断。车间更换整流匣后道岔表示电压升至 21.3 V，再次扳动后小台阶电流上升到 0.5 A。

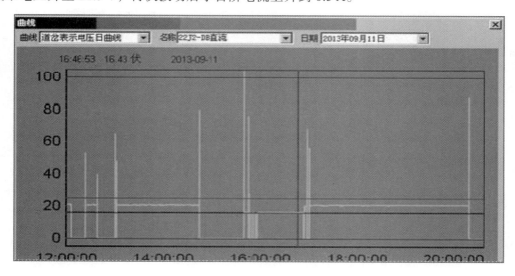

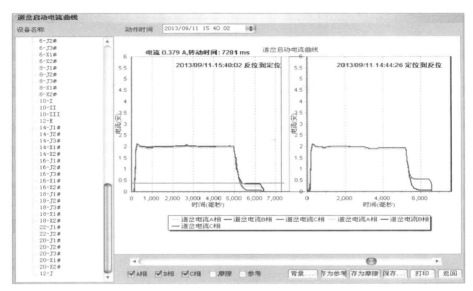

图 2.3.9　整流匣烧损曲线

7. 道岔表示电压异常波动曲线

如图 2.3.10 所示，道岔表示电压的直流电压曲线出现异常，当道岔在反位时，定位表示的直流电压不为 0 V。

产生此异常曲线的原因比较复杂，查看电缆绝缘年趋势曲线发现该时间段电缆绝缘开始有所下降，工区发现 HZ 盒内有潮气，晾晒后，表示电压曲线良好。

8. 配线错误曲线

如图 2.3.11 所示，道岔定位表示的交流电压曲线出现异常，静态时道岔有 3 种表示电压值，分别约为 75 V、55 V、25 V。

产生的原因为配线错误导致的道岔表示电压异常。查找故障过程中发现相邻道岔配线交叉错误，修改配线后道岔表示电压曲线恢复正常。

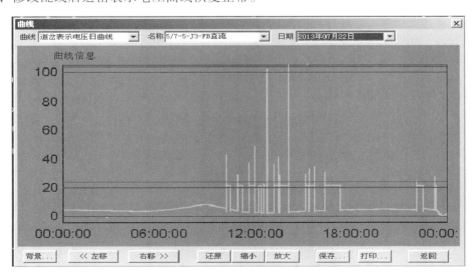

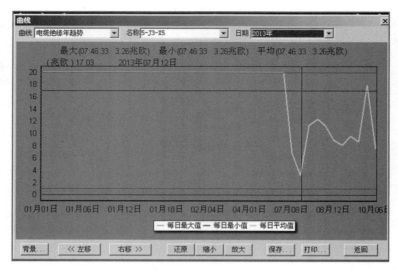

图 2.3.10　道岔表示电压异常波动曲线

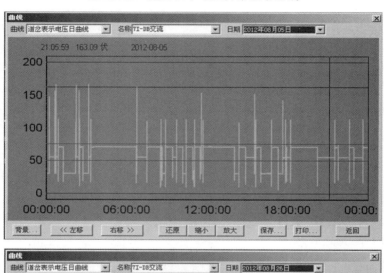

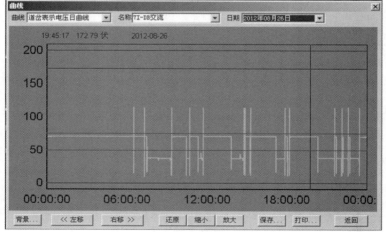

图 2.3.11　配线错误曲线

9. 直流表示电压下降、交流表示电压升高曲线

如图 2.3.12 所示，道岔在定位时，定位表示的直流电压在 21.5～18.4 V 间波动（电压由常值向下波动），定位表示的交流电压在 71～63 V 波动（电压由常值向上波动）。

产生原因为整流匣故障，现场更换整流匣后，曲线恢复正常。

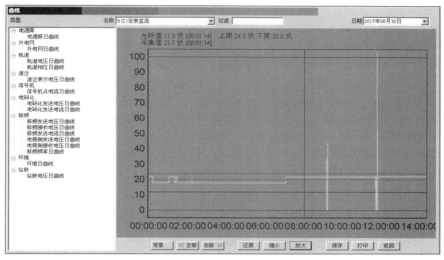

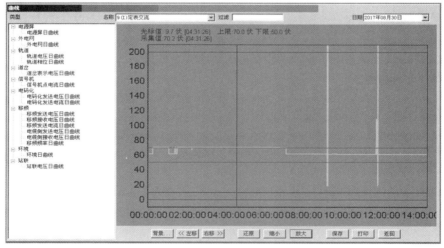

图 2.3.12　直流表示电压下降，交流表示电压升高曲线

10. 直流表示电压、交流表示电压同时下降曲线

如图 2.3.13 所示，道岔的直流表示电压和交流表示电压同时出现下降。
产生原因为室内表示电路中接点接触不良，更换继电器后故障恢复。

11. 直流表示电压、交流表示电压均为 0 曲线

如图 2.3.14 所示，道岔扳动后无表示，反位表示的直流电压和交流电压均为 0 V。
故障原因为室内开路或室外短路，需要在分线盘处进一步确定。此故障更换室内继电器后恢复。

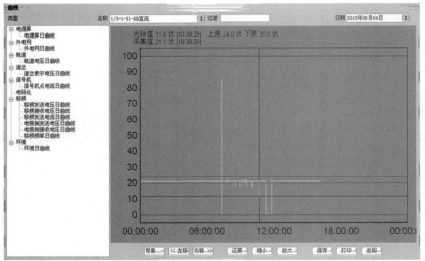

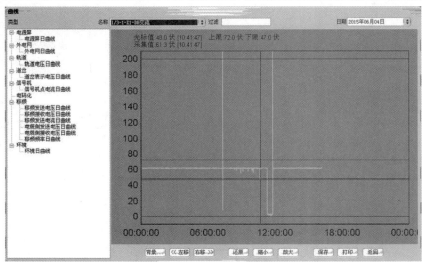

图 2.3.13　直流表示电压、交流表示电压同时下降曲线

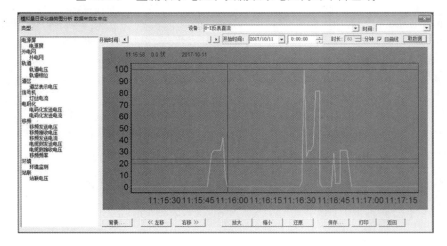

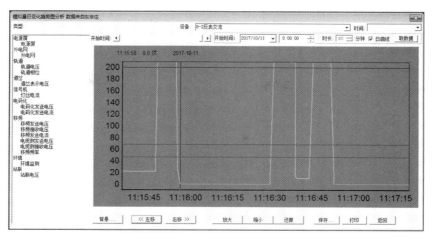

图 2.3.14　直流表示电压、交流表示电压均为 0 曲线

复习思考题

1. 采集 1DQJ 状态的目的是什么？采集原理是什么？

2. 直流转辙机监测哪些内容？

3. 直流电流传感器安装维护需要注意哪些事项？

4. 直流道岔动作电流曲线不平滑的原因有哪些？

5. 直流道岔转动时，只记录一个横的直线，分析有几种情况？

6. 直流道岔转动时，没有采集到曲线，也没有记录横的直线，有哪些原因？

7. 交流转辙机包括哪几种类型？监测哪些内容？

8. 三相交流转辙机功率曲线如何采集？

9. 交流道岔采集不到功率曲线，可能的故障原因是什么？

10. 道岔表示电压采集具体位置在哪里？每个道岔表示采集器能采集几组道岔表示电压？

11. 某个道岔表示电压采集，交流电压正常，直流电压没有，怎么处理？

12. 监测站机上的曲线或数据不正常，首先考虑是什么设备故障，其次才能考虑是什么设备故障？

项目三

轨道电路曲线分析

任务一　站内轨道电路曲线分析

一、25 Hz 相敏轨道电路监测设备认知

目前应用于各个铁路车站的铁路信号集中监测系统的型号有很多，虽然每种信号集中监测系统的采集设备存在差异，但是它们的采集原理基本相同。下面主要介绍两种型号的信号集中监测系统采集轨道电压的原理，一种是卡斯柯信号有限公司的 CSM-ka 型信号集中监测系统，一种是上海铁大电信科技股份有限公司的 CSM-td 型信号集中监测系统。

（一）CSM-ka 型监测系统轨道电路采集

CSM-ka 型信号集中监测系统使用轨道电路采集单元对 25 Hz 相敏轨道电路进行监测，每个轨道电路采集单元可以采集 7 个轨道区段的电压，如图 3.1.1 所示。

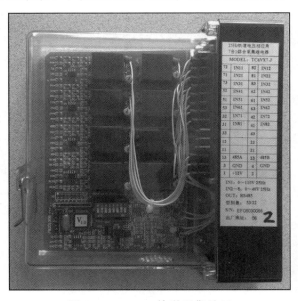

图 3.1.1　25 Hz 轨道采集单元

轨道电路采集单元采集从室外轨道上返回的用于驱动轨道继电器的电压。如果采集 97 型 25 Hz 相敏轨道电路的电压，需采集交流二元二位轨道继电器 3-4 线圈上的电压；如果采集微电子型 25 Hz 相敏轨道电路的电压，需采集微电子输入盒两端的电压；如果有轨道测试盘，可以从轨道测试盘侧面配线采集。采集路径如下：室外电缆→防雷分线盘→轨道组合侧面端子→防护盒、防雷硒堆→轨道继电器组合架→轨道测试盘侧面端子→轨道采集单元。轨道电压采集的电路原理如图 3.1.2 所示。

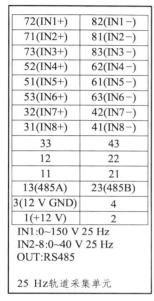
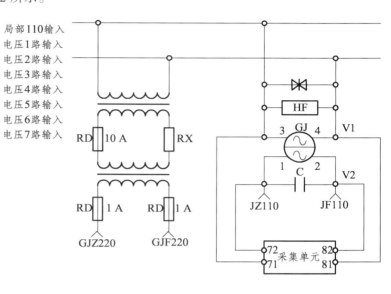

图 3.1.2　25 Hz 相敏轨道电路电压采集原理

25 Hz 相敏轨道电路电压还需要增加局部电源的采集，用于判断轨道电路的相位角是否符合要求。每个采集单元可采集一个局部电源，对应此单元采集的轨道电压只能是此局部电源管辖范围内的轨道电压，否则相位角将出错。

25 Hz 轨道采集单元主要电路结构组成如图 3.1.3 所示，采用高阻隔离和电压互感器隔离的方式，将采样后信号调理成 CPU 能直接采集的信号，将模拟信号高速采样后进行数据处理运算，得到每路轨道电压的有效值和相位角，然后将轨道电压相位角与局部电压相位角进行比较得到相位差。

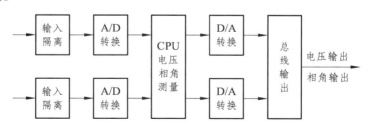

图 3.1.3　25 Hz 相敏轨道智能采集单元结构

同时，新型的铁路信号集中监测系统轨道采集增加了 GJ 状态开关量的采集，每个轨道电压对应一个 GJ 状态。采集 GJ 可用于轨道分路不良区段的判断，减少开关量、模拟量分别采集带来的时序差造成的误报警。25 Hz 相敏轨道电路 GJ 开关量的采集原理如图 3.1.4 所示。

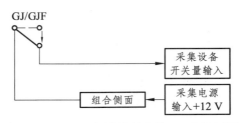

图 3.1.4　25 Hz 相敏轨道电路 GJ 采集原理

25 Hz 轨道电压采集单元安装维护要点如下：

（1）相敏轨道电路需要判断轨道电压与局部电压相位差角，因此轨道采集的两根线有正负区分，配线配反将造成相位角数值出错。

（2）轨道电压的采集配线检查也是逐一测量采集点、采集组合侧面和采集单元底座的电压是否一致。调试时如果有条件，可以逐一模拟轨道占用，检查对应的轨道电压是否变 0。如不具备条件，只能等实际过车时观察轨道电压是否对应变化。

（二）CSM-td 型监测系统轨道电路采集

CSM-td 型信号集中监测系统对 25 Hz 相敏轨道电路的监测原理与 CSM-ka 型信号集中监测系统基本相同，只是采集设备不同。CSM-td 型信号集中监测系统使用 25 Hz 轨道电路电压、相位采集板进行监测，每块采集板可采集 16 路轨道、相位信息，最多能够采集 14 个轨道区段。采集板安装在采集机上，采集轨道测试盘侧面端子上的轨道电压和局部电压输入端的局部电压相位角，这些模拟量在采集板内进行隔离采样、A/D 转换和编码传输，通过 RS-485 总线将数据输出至通信板，然后由通信板经 CAN 总线发送给站机。

二、高压脉冲轨道电路监测设备认知

铁路信号集中监测系统使用高压脉冲轨道采集单元对高压脉冲轨道电路进行监测，如图 3.1.5 所示，1 个采集单元有 4 路输入，可采集 1 组高压脉冲轨道区段的译码器输入、波头、波尾 3 组电压和 1 个 GJ 开关量状态，采集数据通过 CAN 总线输出。

图 3.1.5　高压脉冲轨道采集单元

高压脉冲轨道采集单元采集原理如图 3.1.6 所示，波头电压从译码器 GMY 上 21、22 对应的连接端子上采集，21 为正，22 为负。波尾电压从 GMY 上 41、42 对应的连接端子上采集，41 为正，42 为负。译码器电压从 GMY 上 1、2 对应的连接端子上采集，1 为正，2 为负。通常采集样点取轨道组合侧面对应的连接点。采集线必须明确区分正负，不能接错。

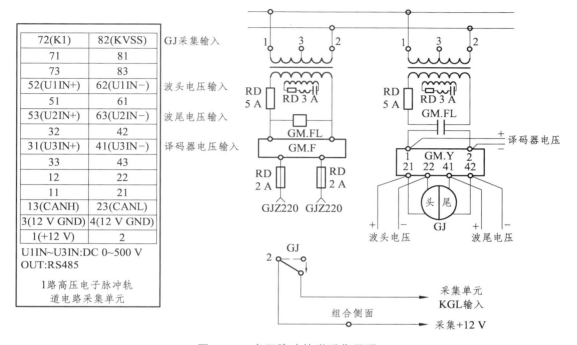

72(K1)	82(KVSS)	GJ采集输入
71	81	
73	83	
52(U1IN+)	62(U1IN−)	波头电压输入
51	61	
53(U2IN+)	63(U2IN−)	波尾电压输入
32	42	
31(U3IN+)	41(U3IN−)	译码器电压输入
33	43	
12	22	
11	21	
13(CANH)	23(CANL)	
3(12 V GND)	4(12 V GND)	
1(+12 V)	2	

U1IN~U3IN:DC 0~500 V
OUT:RS485

1路高压电子脉冲轨
道电路采集单元

图 3.1.6　高压脉冲轨道采集原理

因为高压电子脉冲轨道电路的 GJ 通常只有 2 组接点可采集，所以通常采集 GJ 的第 2 组空接点的后接点来采集 GJ 状态。当此组接点被占用时，只能额外增加复示继电器采集空接点。

10 型高压电子脉冲轨道采集单元的脉冲波形采集速率极快，每 0.2 s 采集一个点，因此常用的 RS-485 通信不足以满足传输速率，高压电子脉冲采集单元使用 CAN 总线通信，不经接口通信分机直接接至监测站机的主机。采集径路如下：室外电缆→防雷分线盘接线端子→译码器组合侧面端子→高压脉冲轨道采集单元。

译码器的输入电压为一个约 3 Hz 的脉冲波，现场实际波峰峰值可达 300 V 以上，并且此电压对负载响应十分灵敏，当测量负载小时，此电压会迅速衰减。因此，现场不允许用普通万用表测量其电压，以免影响波形造成轨道红光带。波头电压与波尾电压显示的是有效值，电压处于不停的波动中。

高压脉冲经过接收译码器（YMQ）转换为两路电压，脉冲头和脉冲尾，两路电压共同驱动二元差动继电器，当钢轨上的脉冲极性不符或高压脉冲的波头、波尾幅值比例畸变时，二元差动继电器落下。监测二元差动继电器动作的控制电压（即译码器输入和输出电压）和高压脉冲波形情况，对于掌握轨道电路的运用状态，为故障修到状态修提供数据支持。

三、25 Hz 相敏轨道电路曲线分析

（一）轨道电压曲线分析方法

1. 25 Hz 相敏轨道电路电气特性的查看方法

利用微机监测设备对轨道电路运用情况进行查看，主要通过以下几部分进行：一是轨道电路日曲线；二是轨道电压实时值；三是轨道电压日报表；四是电气特性报警信息。以某站为例，铁路信号集中监测系统站机的界面如图 3.1.7 所示。

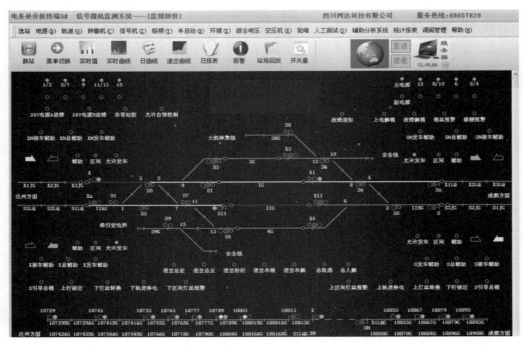

图 3.1.7　铁路信号集中监测系统站机的界面

在站机上查阅 25 Hz 相敏轨道电路的电压有两种方法。

第一种方法：首先调阅轨道电路日报表，查看调整状态轨道电压的最高值和最低值，然后对超限报警区段再调阅日曲线，查看超过报警上限或报警下限的电压值和时间（按图 3.1.8～图 3.1.12 的顺序进行调阅）。

如图 3.1.8 和图 3.1.9 所示，轨道电路测试日报表可以准确地查看某一轨道区段当日的调整状态电压最大值和最小值以及当时的时间、相位角的最大值和最小值，还可以查看当日分路状态电压的最大值以及当时的时间。显示中，红色的数值代表超限报警，蓝色的数值代表预警。如图 3.1.10～图 3.1.12 所示，轨道电路测试值日曲线可以查看某一轨道区段当日电压变化趋势，准确地反映调整状态和分路状态的时间。在日曲线图中，横坐标表示当日某一时刻，纵坐标表示电压值。绿色代表轨道电压的实时值，报警上限和下限用红色直线在曲线图中标出。

图 3.1.8　轨道电路测试值日报表

图 3.1.9　轨道电路测试值日报表

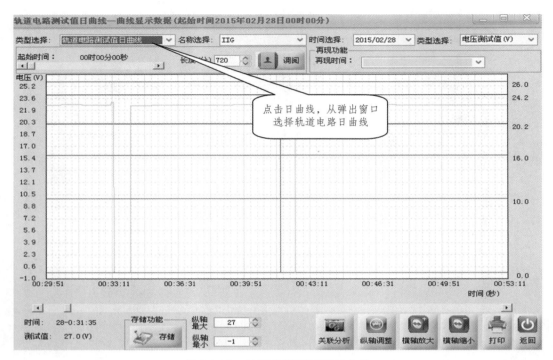

图 3.1.10　轨道电路测试值日曲线

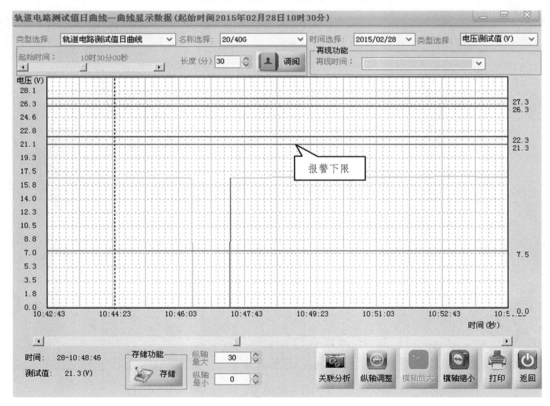

图 3.1.11　轨道电路测试值日曲线

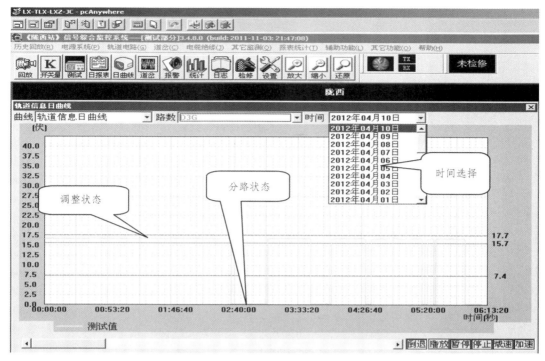

图 3.1.12　轨道信息日曲线

第二种方法：首先调阅轨道电路月曲线，查看各个轨道区段本月电压的变化趋势，判断有无月曲线大幅波动的区段，对月曲线波动的区段进行日曲线调阅，对调整状态电压的最大值与最小值同时波动的轨道区段重点查看（按图 3.1.13 ～ 图 3.1.15 的顺序进行调阅）。

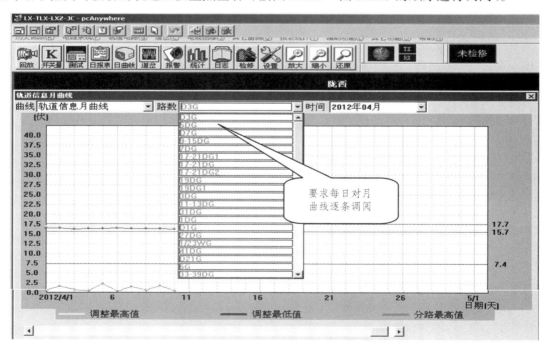

图 3.1.13　轨道信息月曲线

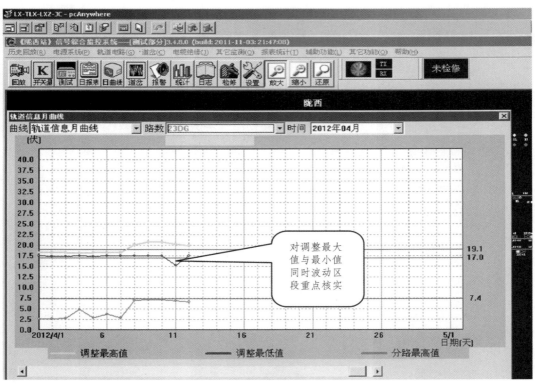

图 3.1.14　轨道信息月曲线

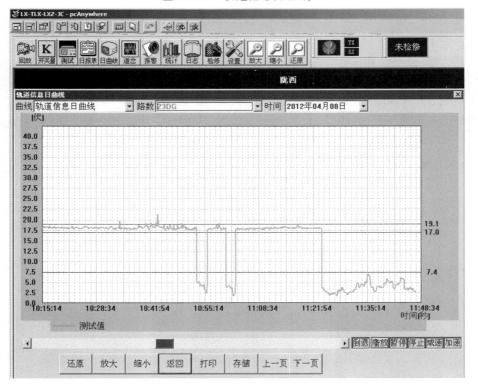

图 3.1.15　轨道信息日曲线

轨道电路电压大小的调整是为了保证轨道电路正常工作，因此轨道电路调整状态时，轨道电压的大小要保证 GJ 可靠吸起，在分路状态时，应保证 GJ 可靠落下。97 型 25 Hz 轨道电路调整状态轨道电压标准：

道岔和无岔区段：18 ~ 22 V。

到发线或接近区段：800 ~ 900 m，18 ~ 25 V；900 ~ 1000 m，19 ~ 27 V；1000 m 以上，25 ~ 30 V。

JXW25 型微电子相敏轨道电路的接收器接收端电压不小于 16 V，直流电压输出应为 20 ~ 30 V；轨道线圈电压滞后局部电压相位角应在 90°±30°以内。分路状态下，97 型 25 Hz 轨道电路的电压应不大于 7.4 V；JXW25 微电子相敏轨道电路的接收器接收端电压不大于 10 V，直流电压输出应不大于 2 V。

图 3.1.16 是某站 10DG 轨道电压日曲线，从图中可以看出，电压曲线光滑平直，调整状态和分路状态电压在标准范围内，电压上下波动幅度较小。其中调整状态电压标准值的上下限分别为 20.2 V、17.5 V；"分路状态"为分路状态的电压值曲线，7.0 是指分路电压的上限。

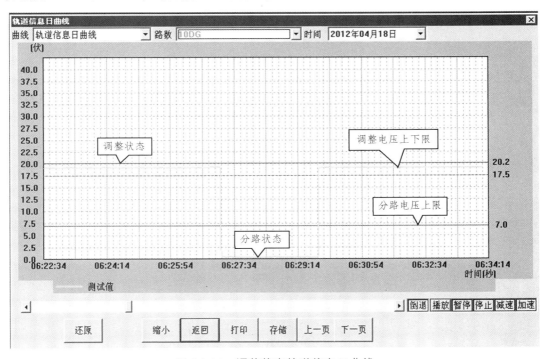

图 3.1.16 调整状态轨道信息日曲线

2. 轨道电路常见故障分析

在站机上查看轨道电压曲线时，常见的问题有轨道电压超限、轨道电路亮红光带、分路残压超标、轨道电压波动或闪红等。前几种情况有针对性地进行调整、故障处理、测试登记等方法即可进行解决。但对于轨道电压波动问题，由于引起的原因较多，出现时机不确定，判断处理有较大难度。

（1）轨道电压波动常见的原因：

① 轨道电路本身出现异常，如绝缘破损、绝缘轨距杆漏电、绝缘接头扣件碰夹板、塞钉

头、连接线与钢轨接触不良等。

②轨道电路受外界干扰，如牵引电流不平衡、杆塔地线漏泄影响等。

（2）通过对微机监测的调看对比，可基本判断故障范围：

①发现轨道电路曲线波动时，应对微机储存的轨道电路曲线进行不间断连续查看，对第一次出现波形异常的时间记录，并分析此间是否进行与该轨道电路有关的检修或配合其他单位的作业，有针对性地重点查找。同时，对频繁发生的时段、最大值、最小值及发生时间认真仔细记录，结合当时的天气、气温情况进行分析。

②对相邻轨道电路区段电压曲线进行调看，检查是否也有电压波动的情况，波动时机是否相同。如果同一时间，两区段同时波动，即可判断为两区段相邻的轨道绝缘破损或其公共部分有异常。

③对波形发生异常的时间点记录，同时调看当时站场平面图，了解列车运行情况，观察波形异常是否与列车运行有关。

④用一块较精密的万用表（MF-35），对正常时的轨道电路进行测试，记录详细数值。在电压波动时用同一块表进行测试，对比数据，分析故障范围。对轨道电压偶尔出现不稳的情况，必要时蹲点守候，在出现异常时及时测试。

（二）典型的轨道电压故障曲线分析

1．外界干扰造成的电压曲线异常分析

在查看轨道电压曲线时，有一些曲线在调整状态和分路状态与正常的曲线不同，可能是由于轨道电路特殊的电气特性或其他外界干扰造成的，比如电务部门的正常检修作业、工务部门的更换钢轨、天气原因引起的道床漏泄、供电部门打地线造成轨道电路的电压曲线波动等。

（1）分路不良曲线。

如图 3.1.17 所示，当轨道区段有车占用时，轨道电压出现不同幅度的不正常的波动，有时会突破分路上限。分路不良多见于雨后或长期不走车的轨道电路区段，有时工务进行更换钢轨作业后由于钢面有铁锈导致分路电阻过大也会造成分路不良。

图 3.1.17　分路不良曲线

（2）雨天漏泄曲线。

图 3.1.18 所示为某站 IG 下雨漏泄曲线。分析：在上午 8 时左右曲线缓慢下降，造成该曲线异常的原因是该站 4 月 9 日早晨下雨。轨道电路调整状态的最不利工作条件为：道床电阻

最小、钢轨阻抗最大、电源电压最低。阴雨天气会使道床电阻变小，道床电阻越小，两钢轨间漏泄电流就越大，因此造成受电端电压下降。

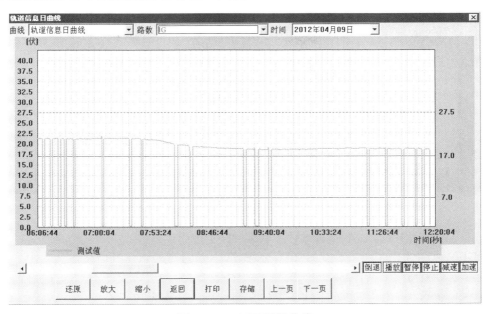

图 3.1.18　下雨漏泄曲线

图 3.1.19 所示为某站 8G 电压日曲线，该轨道区段道床较脏，排水能力较差，因此在暴雨后 20～30 min 会出现道床电阻的最小值，造成轨道电路受电端的电压下降。

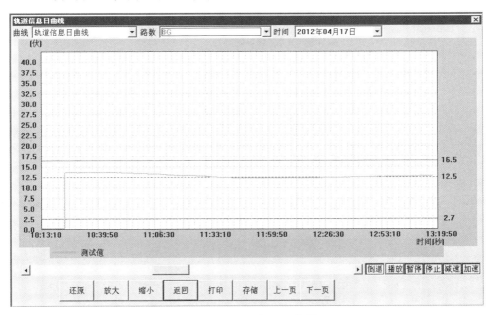

图 3.1.19　8G 电压日曲线

（3）供电部门进行接触网作业时打地线造成电压波动曲线。

图 3.1.20 所示为某站 4DG 轨道电压日曲线。从图中可看出，日曲线波动且变化较大（该

曲线为非列车经过的曲线）。原因是电气化接触网停电作业时，往钢轨上挂临时地线造成轨道电路电压时高时低，曲线异常波动。

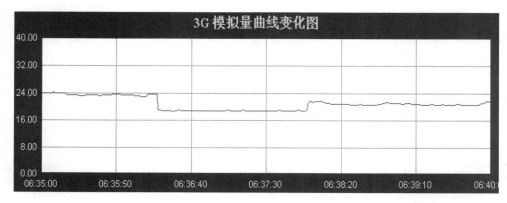

图 3.1.20　4DG 轨道电压日曲线

（4）一送多受的区段，车列临出清时电压会缓慢上升。

图 3.1.21～图 3.1.23 所示为某站一送三受轨道区段过车时电压日曲线。从图中可以看出，列车从 35-39DG1 通过。当车将要出清 35-39DG1 区段时，35-39DG1 分路状态曲线正常，但是 35-39DG 和 35-39DG2 分路状态曲线缓慢上升，原因是当列车压入 35-39DG 时，车列轮对将送电端短路，所以 35-39DG、DG1、DG2 电压均降到最低值，但随着列车的前行，离送电端越来越远，35-39DG 和 DG2 会接收部分残压，造成如图 3.1.22 和图 3.1.23 所示的曲线。

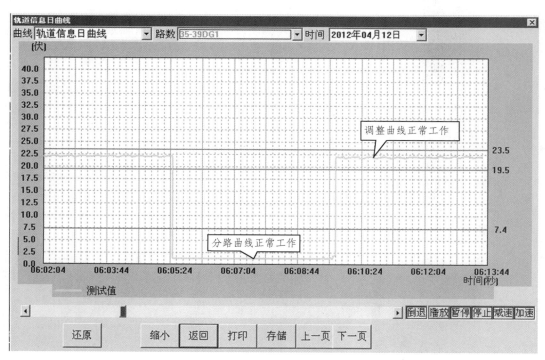

图 3.1.21　35-39DG1 过车时电压日曲线

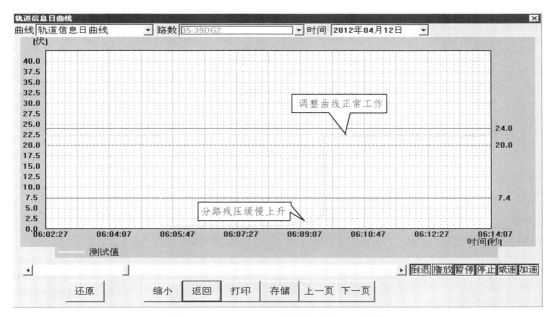

图 3.1.22　35-39DG2 过车时电压日曲线

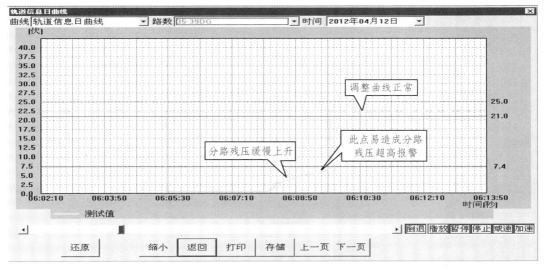

图 3.1.23　35-39DG 过车时电压日曲线

2. 轨道电路设备故障造成的电压曲线异常分析

轨道电路设备故障的原因有很多，轨道电路设备故障造成电压曲线异常的主要因素有扼流变压器连接板开焊、钢轨绝缘不良、道岔安装装置绝缘不良、轨道电路限流电阻簧片接触不良、轨端接续线跳线塞钉或连接螺丝接触不良、室内外器材故障、电缆故障、道床漏泄过大、瞬间大电流冲击等。

（1）接收器不良曲线。

如图 3.1.24 所示，接收器不良轨道电路曲线有时可能没有变化，但有时也能够导致轨道电压较大幅度地升高或下降。

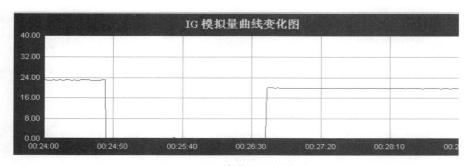

图 3.1.24　接收器不良曲线

（2）受端电阻短路的故障曲线。

如图 3.1.25 所示，28-38DG 为一送双受轨道电路区段，当 28-38DG 轨道受端电阻短路时，造成本区段轨道电压升高，同时 28-38DG1 轨道电压略有下降。

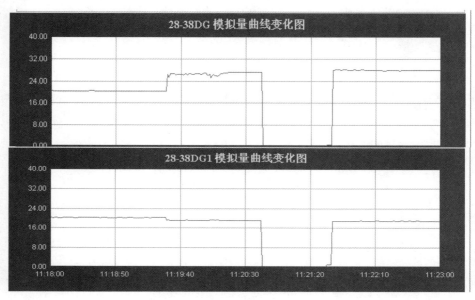

图 3.1.25　受端电阻短路曲线

（3）轨道绝缘不良曲线。

某站 IAG、101DG 同时出现红光带。调阅曲线发现 IAG、101DG 出现相似的波动，如图 3.1.26 和图 3.1.27 所示。根据相邻区段同时波动，可判断为绝缘不良，经检查发现 IAG 送电端与 101DG 受电端连接处扣件碰夹板，经整治克服后恢复正常。

如图 3.1.28 所示，某站 226-238DG 在列车出清该区段后曲线未恢复，调整电压值为 15.5 V，持续一段时间后恢复到标准值 17.3 V。当列车通过时，列车的振动容易引起扼流变压器连接板开焊、钢轨绝缘不良、道岔安装装置绝缘不良、轨道电路限流电阻滑片接触不良、轨端接续线和跳线塞钉或连接螺丝接触不良等问题，导致轨道电路电压出现不同幅度下降和波动。

（4）送端隔离盒端子封线使用不对曲线。

如图 3.1.29 所示，某站 1DG 调整状态曲线不规则，初步判断为送端隔离盒端子封线使用不对。

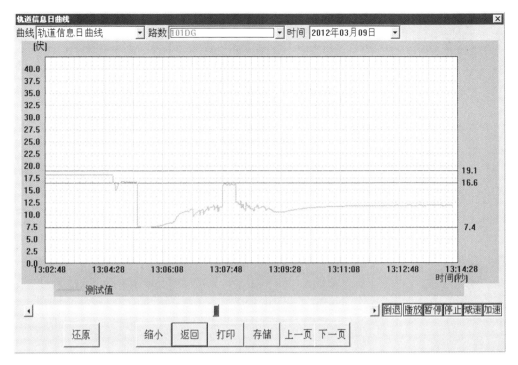

图 3.1.26　101DG 轨道信息日曲线

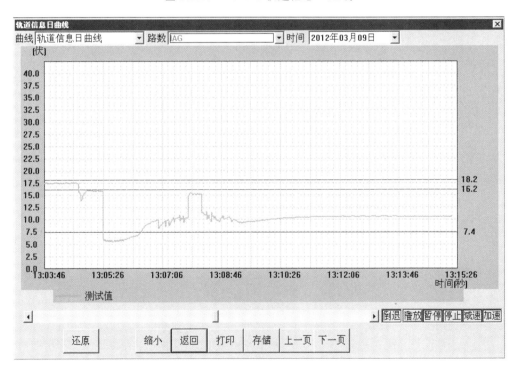

图 3.1.27　IAG 轨道信息日曲线

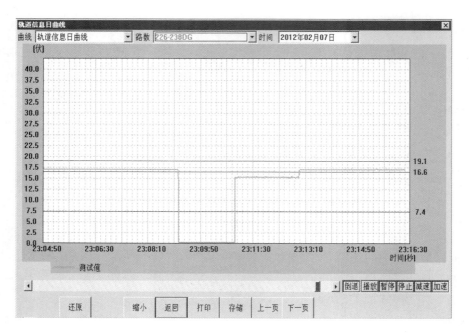

图 3.1.28 226-238DG 轨道信息日曲线

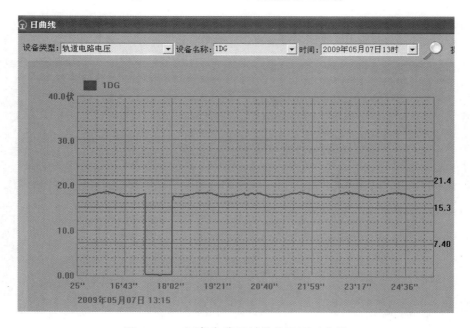

图 3.1.29 隔离盒端子封线使用不对曲线

（5）钢轨肥边短路曲线。

如图 3.1.30 所示，在车出清 IBG 后，IBG 调整状态电压波动，造成 IBG 闪红光带，初步判断为钢轨肥边短路造成。

（6）室外轨道变压器抽头端虚接曲线。

图 3.1.31 所示为某站 IBG 的故障曲线，初步判断为室外轨道变压器抽头端虚接导致。

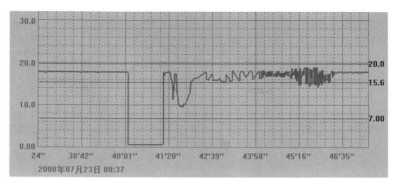

图 3.1.30　钢轨肥边短路曲线

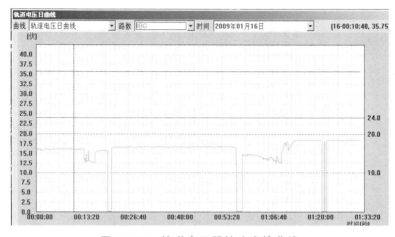

图 3.1.31　轨道变压器抽头虚接曲线

（7）钢轨引接线（接续线）断线（虚接）曲线。

如图 3.1.32 所示，当有车通过时，某站 2DG 电压出现大幅波动，初步判断为过车时牵引回流不畅造成。经信号工室外查看 2 号道岔的岔心有一根跳线不良，更换后电压恢复正常。

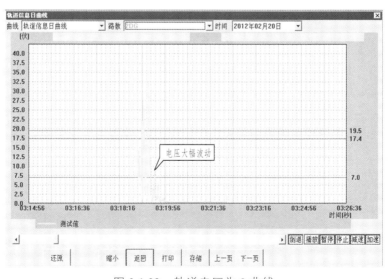

图 3.1.32　轨道电压为 0 曲线

（8）万可端子插接不良曲线。

如图 3.1.33 所示，2 月 11 日某站 1212DG 曲线电压波动，对设备绝缘外观等全面检查，导接线、防腐线敲打未发现异常，更换岔后防腐跳线 6 根，导接线 20 根，对所有绝缘进行分解检查。在 2 月 13 日夜间天窗更换 6 根岔心跳线，对受端扼流变压器引接线端子整治后电压恢复，如图 3.1.34 所示。

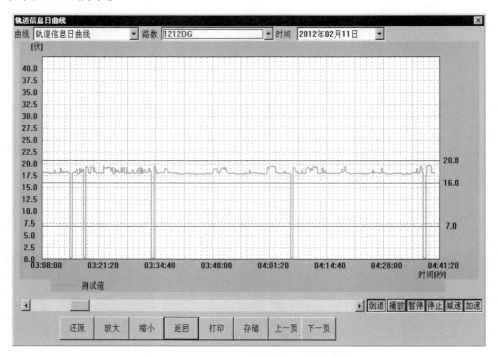

图 3.1.33　1212DG 轨道电压故障曲线

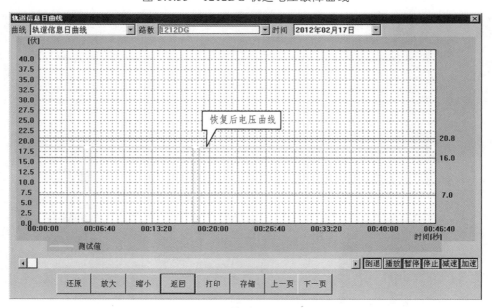

图 3.1.34　1212DG 轨道电压正常曲线

任务二　ZPW-2000 轨道电路曲线分析

一、ZPW-2000 轨道电路监测设备认知

对于既有线路的 ZPW-2000 轨道电路，对其电气性能的监测有两种方式：一种是铁路信号集中监测系统直接对 ZPW-2000 的主要电气特性进行采集；另一种是通过 ZPW-2000 监测子系统完成采集监测，通过接口将数据送给铁路信号集中监测系统。

（一）ZPW-2000 主要电气特性采集

1. 移频发送采集

移频发送采集既采集发送电压又采集发送电流，电压采集移频发送盒功出的 S1、S2 两点。电流采集需将移频发送盒输出至防雷网络的一根负载线取出，经电流传感器穿芯后再接回原防雷网络。采集电路原理如图 3.2.1 所示。

移频采集单元通常集中在组合架安装，每层组合安装 5 个采集单元和 5 个电流传感器，电流传感器占用一个继电器底座位置，与对应的采集单元相邻。因此，通常的做法是将移频发送盒功出的一对屏蔽线绕经移频采集组合再接防雷网络，在采集组合内部穿过电流传感器采集电流。每 4 层组合输出一根 RS-485 通信线接通信接口分机。

2. 移频接收采集

ZPW-2000 型移频接收采集，将采集 4 个接收电压和 1 个 GJ 状态。4 个电压都从移频架零层端子上配线采集，轨出 1 电压需增加内部到零层端子的配线，轨出 2 电压需要先经过阻抗匹配器转接后，再配线到零层。轨出 1 和轨出 2 的电压均需使用阻抗匹配器转接后连接到移频接收采集单元。这样做的目的是防止采集配线过长时，线路上的干扰返回到移频接收配线端，造成安全危险。采集电路如图 3.2.2 所示。

阻抗匹配器为有源器件，其工作电源为直流±12 V，并且对工作电压值要求较高，电压不得低于 11.6 V。阻抗匹配器通常安装在移频架内部，与采集点配线距离较短。

（二）ZPW-2000 监测子系统

1. 系统构成

ZPW-2000 监测子系统是为 ZPW-2000 系列轨道电路配备的一体化监测设备，由无绝缘采集衰耗器、无绝缘采集发送检测器、分线采集器及维护终端等组成，系统原理如图 3.2.3 所示。

ZPW-2000 监测子系统对 2000A 轨道电路移频信息及特性开关量的采集设备主要有 3 种类型：采集衰耗器、分线采集器和采集发送检测器。其中由采集衰耗器和分线采集器完成对区间的 ZPW-2000A 设备信息的采集；由采集发送检测器完成对站内电码化的 ZPW-2000A 设备信息的采集。

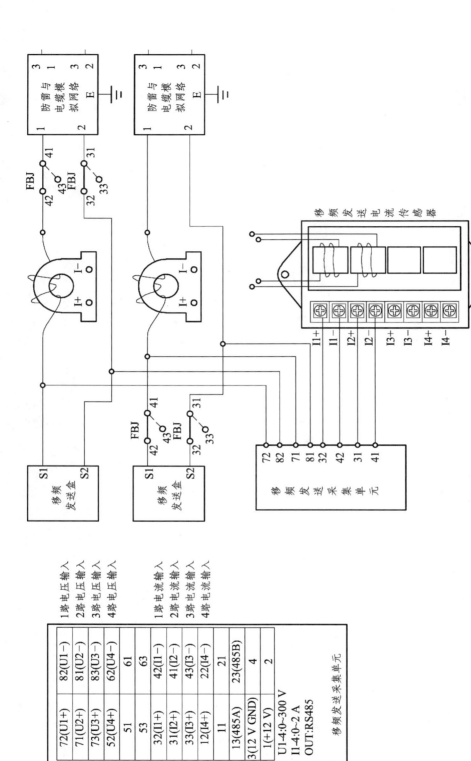

说明：
1. 移频发送电压采集发送盒功出（图中为 S1、S2）两点电压，将发送盒至防雷网络间的功出回线其中一根经电流传感器穿芯，以采集电流。

图 3.2.1 移频发送采集电路

移频发送采集单元		
72(U1+)	82(U1−)	1路电压输入
71(U2+)	81(U2−)	2路电压输入
73(U3+)	83(U3−)	3路电压输入
52(U4+)	62(U4−)	4路电压输入
51	61	
53	63	
32(I1+)	42(I1−)	1路电流输入
31(I2+)	41(I2−)	2路电流输入
33(I3+)	43(I3−)	3路电流输入
12(I4+)	22(I4−)	4路电流输入
11	21	
13(485A)	23(485B)	
3(12 V GND)	4	
1(+12 V)	2	

U1-4:0~300 V
I1-4:0~2 A
OUT:RS485

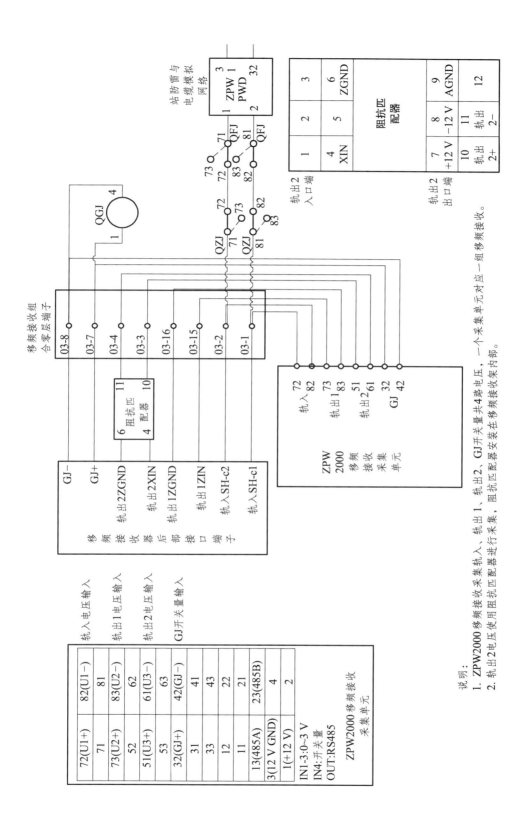

图 3.2.2 ZPW-2000 移频接收采集电路

说明:
1. ZPW2000移频接收采集轨入、轨出1、轨出2、GJ开关量共4路电压,一个采集单元对应一组移频接收。
2. 轨出2电压使用阻抗匹配配器进行采集,阻抗匹配配器安装在移频接收架内前。

阻抗匹配配器

1	2	3
4 XIN	5	6 ZGND
7 +12 V	8 −12 V	9 AGND
10 轨出 2+	11 轨出 2−	12

轨出2 入口端
轨出2 出口端

ZPW-2000 移频接收采集单元

72(U1+)	82(U1−)
71	81
73(U2+)	83(U2−)
52	62
51(U3+)	61(U3−)
53	63
32(GJ+)	42(GJ−)
31	41
33	43
12	22
11	21
13(485A)	23(485B)
3(12 V GND)	4
1(+12 V)	2

轨入电压输入
轨出1电压输入
轨出2电压输入
GJ开关量输入

IN1-3:0~3 V
IN4:开关量
OUT:RS485

ZPW2000移频接收
采集单元

移频接收组合零层端子

移频接收器后部接口端子

GJ−
GJ+
轨出2ZGND
轨出2XIN
轨出1ZGND
轨入1ZIN
轨入SH-c2
轨入SH-c1

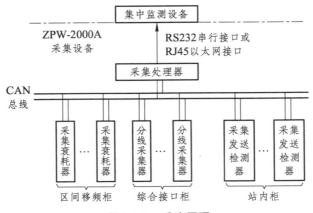

图 3.2.3 系统原理

各采集分机采集实时数据，通过 CAN 总线通信方式传给采集处理器，由采集处理器对数据按区段进行组织汇总和逻辑处理，形成处理结果，如区段红光带判断、道床电阻测算、设备状态报警等，以黑匣子形式，通过高速数据通信接口将监测结果发送给微机监测主机。ZPW-2000A 设备监测信息显示、数据记录查询和关键故障报警在微机监测主机上实现，并通过既有监测网络上传到各级终端。

2. 技术特点

ZPW-2000A 辅助维修系统对系统主要信息的采集是通过在 ZPW-2000A 系统原衰耗器和发送检测器设备内部增加监测处理板的形式来实现，通过利用原设备空闲背面端子连接到 CAN 总线上将采集结果输出。此种方式避免了集中采集方式采集线过长，易对主设备造成干扰的安全隐患问题；也不存在就近采集方式现场安装困难，对设备既有配线影响较大的问题。此种方式对现场既有 2000A 设备做监测改造实施起来最为简易。

该系统结合了 2000A 轨道电路的传输特性，以采集器采集到的现场实时数据为依据，除实现了常规监测功能外，还可以在集中监测平台上实现丰富的专家分析诊断功能。该系统实现了对区段应用环境下道床条件的测算，通过现场数据变化对设备异常给出预警和故障诊断信息，并能将采集设备状态、采集数据、预警诊断信息实时提交信号集中监测系统站机。

3. 采集设备

（1）采集衰耗器。

① 安装方式。

为了对电流信息的采集，在移频架发送器背面空闲位置增加了一个电流传感器；采集衰耗器所采集到的信息通过 CAN 总线输出，CAN 通信线从衰耗背面的万可端子接线板引到移频架零层的空余端子。采集衰耗器到电流传感器连线及 CAN 通信线都是从原来衰耗背面的万可端子接线板的空端子引出，对既有的连接线无影响。新增配线如图 3.2.4 所示。

无绝缘采集衰耗器面板上比衰耗器面板多一个"监测"指示灯、一个开关、一个 1A 保险及一个"DB9"插头，正常工作时"监测"指示灯常亮，"DB9"插头用于封连不同区间点的载频及地址，保险和开关为采集衰耗器独立电源的开关和保险，当采集部分发生故障时不会影响其衰耗器的功能。

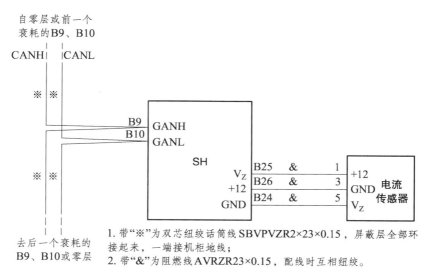

图 3.2.4　采集衰耗器配线

② 采集对象与内容。

采集衰耗器是区间信息的主要采集设备,采集的对象是区间 ZPW-2000A 设备的主要信息,完成对接收的主轨道信号、小轨道信号输入/输出电平调整,给出了发送功出、轨入、轨出等信号量和发送接收电源、轨道输入/输出 GJ、XGJ 测试条件,以及发送接收设备工作状态和轨道占用指示灯,同时可以采集上述各模拟量及开关量,具体采集的内容有 12 种模拟信号量和 13 种开关信号量两部分。

模拟信号量:发送功出电压、功出电流、功出信号的载频及低频;主轨入信号的电压、载频、低频;小轨入信号的电压、载频、低频;主轨出信号电压与小轨出信号电压。

开关量:发送器 24 V 工作电源状态、发送器设备工作状态、接收器 24 V 工作电源状态、接收器设备工作状态;接收器 XGZ 输出状态、接收器 XGB 输出状态、衰耗器 XG 输出状态、接收器 XGJ 输入状态;接收器 GZ 输出状态、接收器 GB 输出状态、衰耗器 G 输出状态;衰耗器上 ZFJ、FFJ 输入状态。

(2)采集发送检测器。

① 安装方式。

为了对电流信息进行采集,在站内移频架发送器背面空闲位置增加了一个电流传感器;采集发送检测器所采集到信息通过 CAN 总线输出,CAN 通信线从发送检测器背面的空端子引到站内移频架零层的空余端子。采集发送检测器到电流传感器连线及 CAN 通信线都是从原来发送检测器背面的空端子引出,对既有的连接线无影响。新增配线如图 3.2.5 所示。

无绝缘采集发送检测器面板上比原发送检测器面板多一个"监测"指示灯、一个监测电源开关、一个 1A 保险及一个"DB9"插头,正常工作时"监测"指示灯常亮,"DB9"插头用于封连不同区间点的载频及地址,保险和开关为采集发送检测器独立电源的开关和保险,当采集部分发生故障时不会影响其发送检测的功能。

② 采集对象及内容。

采集发送检测器采集的对象为站内发送设备,1 台发送检测器设备可采集站内柜 2 台发送设备。具体采集的内容有 8 种模拟信号量和 4 种开关信号量两部分。

模拟信号量：发送功出电压、功出电流、功出信号的载频和低频。

开关量：发送器 24 V 工作电源状态、发送器设备工作状态。

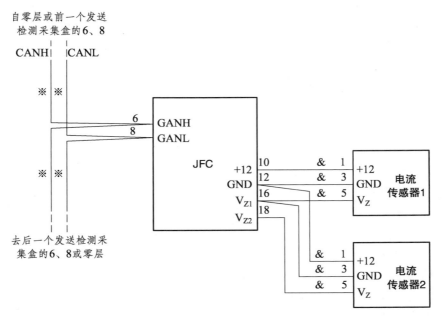

图 3.2.5　采集发送检测器配线

（3）分线采集器。

①安装方式。

分线采集器的结构设计与防雷电缆模拟网络相同，安装在区间综合柜的防雷电缆模拟网络组匣内，以方便对分线盘信号的就近采集。

无绝缘分线采集器面板上有一个"监测"指示灯、一个监测电源开关、一个 1 A 保险及一个"DB9"插头，正常工作时"监测"指示灯常亮，"DB9"插头用于封连不同区间点的载频及地址，保险和开关为分线采集器独立电源的开关和保险，当设备发生故障时不会影响供电系统。

②采集点及采集内容。

分线采集器的采集点在室内外分界的区间综合柜零层端子。分线采集器支持 12 路信号输入，可同时采集到 6 个区段的送端、受端主轨道信号的电压、载频和低频。

（4）采集处理器。

采集处理器是 ZPW-2000A 监测子系统的关键处理设备，在系统中完成以下功能：

①检查采集设备的 CAN 通信状态，故障时通过监测站机给出示警信息，有通道自愈功能。

②根据现场采集到的数据，结合轨道电路的传输特性，实时折算出当前时刻的道砟电阻，实现了对道床状况的定量描述。

③根据从现场采集到数据的变化，判别区段的状态：空闲、占用、预警、故障红光带和飞车（分路不良），分析小轨道信号电压异常、道床恶化等故障，给出报警状态。

④将采集设备采集到的轨道电路设备信息和采集处理器处理得到的道砟电阻值、报警状态实时传送给集中监测站机。

⑤ 采集处理器采用的是 Windows 操作系统平台，并用 Visual C++语言编程。程序使用多线程技术，各线程独立运行，相互之间使用队列交换数据。

二、ZPW-2000 轨道电路曲线分析

（一）ZPW-2000 轨道电路曲线分析方法

1. ZPW-2000 轨道电路曲线查看方法

如图 3.2.6 ~ 图 3.2.11 所示，在打开的铁路信号集中监测系统站机的界面上点击移频，然后选择移频发送实时测试，可查看移频发送的实时值、日报表、日曲线、月曲线；同理可查看移频接收的各项实时值、日报表、日曲线、月曲线。

如图 3.2.6 所示，在移频发送实时测试表中查看轨道电路发送器的功出电压值、功出载频频率、功出低频频率、功出电流值、送端分线盘电压值、发送电缆载频频率、发送电缆低频频率。ZPW-2000 系列轨道电路发送器功出电压标准为 75 ~ 170 V（视发送电平等级），发送器功出电流标准为 0 ~ 500 mA，发送端电缆模拟网络电压低于功出电压。

图 3.2.6　移频发送电压查看示意图

如图 3.2.7 所示，在移频接收实时测试表中查看轨道电路的主轨入电压值、主轨入载频频率、主轨入低频频率、小轨入电压值、小轨入载频频率、小轨入低频频率、主轨出电压值。ZPW-2000 系列轨道电路主轨入电压标准为 900 ~ 2 500 mV，小轨入电压标准为 100 ~ 250 mV，轨出 1 电压标准为 450 ~ 900 mV（普速）、360 ~ 460 mV（客专），轨出 2 电压标准为 150 ~ 170 mV

（普速）、100～160 mV（客专），接收端电缆模拟网络电压标准为 0～20 V。ZPW-2000A 型轨道电路的分路残压为小于等于 140 mV，ZPW-2000K 型轨道电路的分路残压为小于等于 153 mV。

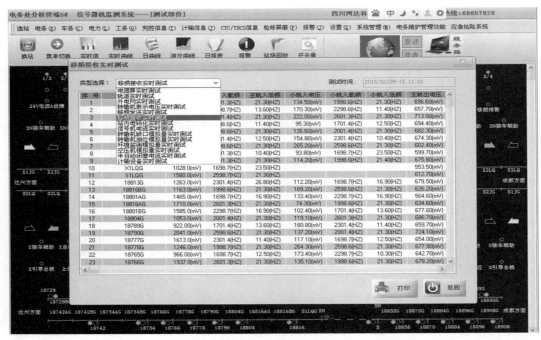

图 3.2.7　移频接收电压实时测试表

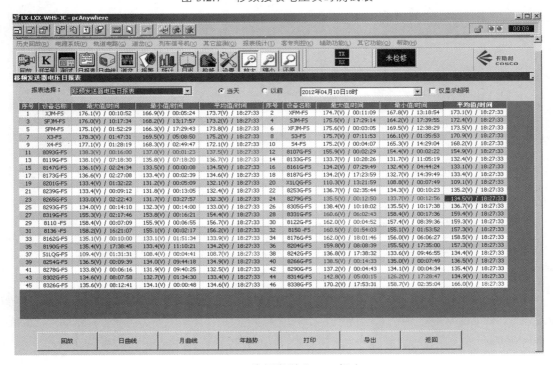

图 3.2.8　移频发送电压日报表

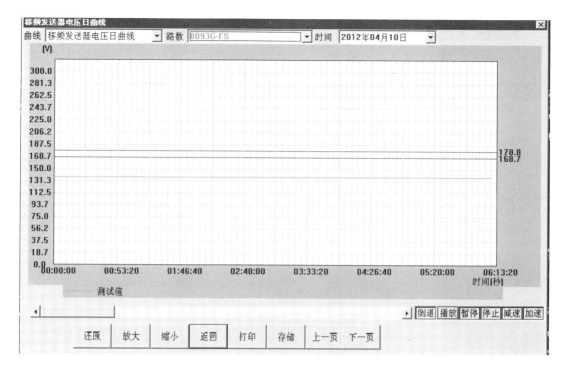

图 3.2.9 移频发送电压日曲线

移频接收器电压日报表

报表选择: 移频接收器电压日报表 | ● 当天 ○ 以前 2012年04月10日18时 | □ 仅显示超限

序号	设备名称	调整最高/时间	调整最低/时间	调整平均/时间	序号	设备名称	调整最高/时间	调整最低/时间	
1	7985G 轨出1(主频)	782.7(mV) / 02:22:57	717.4(mV) / 14:23:08	736.4(mV) / 18:53:57	2	7985G 轨出2(副频)	233.9(mV) / 01:42:48	53.10(mV) / 03:02:03	136
3	7985G 轨入1(主频)	1365.5(mV) / 02:22:57	1248.4(mV) / 14:23:11	1281.8(mV) / 18:53:57	4	7985G 轨入2(副频)	154.9(mV) / 16:26:23	51.50(mV) / 06:57:04	88.
7	7999G 轨出1(主频)	632.7(mV) / 00:06:17	584.2(mV) / 11:44:58	605.8(mV) / 18:53:57	8	7999G 轨出2(副频)	181.0(mV) / 01:44:12	80.70(mV) / 14:08:26	133
9	7999G 轨入1(主频)	788.8(mV) / 00:05:23	733.7(mV) / 11:44:59	758.0(mV) / 18:53:57	10	7999G 轨入2(副频)	204.0(mV) / 04:27:02	63.90(mV) / 06:59:08	150
13	8013G 轨出1(主频)	751.6(mV) / 06:52:23	704.2(mV) / 13:53:18	725.9(mV) / 18:53:57	14	8013G 轨出2(副频)	189.9(mV) / 01:04:29	69.60(mV) / 16:54:36	138
15	8013G 轨入1(主频)	1301.8(mV) / 06:52:23	1219.7(mV) / 13:53:18	1250.5(mV) / 18:53:57	16	8013G 轨入2(副频)	139.0(mV) / 16:55:06	75.10(mV) / 11:45:44	96.
19	8025G 轨出1(主频)	765.6(mV) / 07:03:54	716.3(mV) / 13:54:33	737.0(mV) / 18:53:57	20	8025G 轨出2(副频)	182.4(mV) / 16:56:31	77.80(mV) / 01:05:19	133
21	8025G 轨入1(主频)	964.6(mV) / 07:03:54	903.1(mV) / 14:28:35	932.9(mV) / 18:53:57	22	8025G 轨入2(副频)	190.5(mV) / 16:56:31	73.40(mV) / 11:47:45	145
25	8039G 轨出1(主频)	722.6(mV) / 06:19:26	673.7(mV) / 14:24:05	695.1(mV) / 18:53:57	26	8039G 轨出2(副频)	189.6(mV) / 01:06:45	63.90(mV) / 07:53:10	131
27	8039G 轨入1(主频)	1322.0(mV) / 06:19:28	1229.4(mV) / 14:24:05	1266.7(mV) / 18:53:57	28	8039G 轨入2(副频)	143.0(mV) / 16:57:53	75.80(mV) / 03:15:15	92.
31	8053G 轨出1(主频)	523.8(mV) / 08:21:26	479.4(mV) / 14:24:52	496.5(mV) / 18:53:57	32	8053G 轨出2(副频)	156.4(mV) / 01:07:39	79.50(mV) / 05:41:44	127
33	8053G 轨入1(主频)	653.2(mV) / 05:56:23	603.0(mV) / 14:24:52	623.0(mV) / 18:53:57	34	8053G 轨入2(副频)	217.1(mV) / 02:11:55	77.70(mV) / 07:17:32	157
37	8065G 轨出1(主频)	632.6(mV) / 07:09:45	589.7(mV) / 14:23:11	610.3(mV) / 18:53:57	38	8065G 轨出2(副频)	181.4(mV) / 13:49:35	70.70(mV) / 09:47:27	129
39	8065G 轨入1(主频)	1194.4(mV) / 04:43:58	1115.0(mV) / 14:23:13	1156.1(mV) / 18:53:57	40	8065G 轨入2(副频)	99.60(mV) / 17:00:40	57.10(mV) / 03:10:19	69.
43	8079G 轨出1(主频)	546.2(mV) / 05:44:41	506.1(mV) / 14:23:05	521.1(mV) / 18:53:57	44	8079G 轨出2(副频)	182.5(mV) / 17:02:05	67.10(mV) / 17:06:52	133
45	8079G 轨入1(主频)	583.3(mV) / 05:44:41	540.8(mV) / 14:23:14	556.8(mV) / 18:53:57	46	8079G 轨入2(副频)	198.2(mV) / 17:07:03	74.60(mV) / 06:12:39	144
49	7992G 轨出1(主频)	726.0(mV) / 06:49:24	363.3(mV) / 00:38:37	674.6(mV) / 18:53:57	50	7992G 轨出2(副频)	256.4(mV) / 06:48:51	19.40(mV) / 06:49:28	138
51	7992G 轨入1(主频)	1721.0(mV) / 06:49:25	1573.3(mV) / 14:23:09	1604.6(mV) / 18:53:57	52	7992G 轨入2(副频)	199.0(mV) / 06:48:53	15.20(mV) / 06:49:28	138
55	8004G 轨出1(主频)	565.3(mV) / 00:06:52	455.5(mV) / 13:49:50	532.3(mV) / 18:53:57	56	8004G 轨出2(副频)	236.1(mV) / 09:39:06	26.60(mV) / 09:39:34	138
57	8004G 轨入1(主频)	1026.3(mV) / 06:49:57	794.5(mV) / 13:49:50	927.6(mV) / 18:53:57	58	8004G 轨入2(副频)	369.9(mV) / 07:09:44	40.10(mV) / 06:43:10	214
61	8018G 轨出1(主频)	756.6(mV) / 07:06:07	694.4(mV) / 14:16:34	715.4(mV) / 18:53:57	62	8018G 轨出2(副频)	241.9(mV) / 07:05:57	19.40(mV) / 06:51:57	139
63	8018G 轨入1(主频)	1677.5(mV) / 07:06:07	1541.6(mV) / 14:16:34	1588.1(mV) / 18:53:57	64	8018G 轨入2(副频)	195.4(mV) / 07:05:57	42.40(mV) / 02:09:35	114
67	8032G 轨出1(主频)	739.0(mV) / 00:39:41	197.7(mV) / 09:51:14	704.4(mV) / 18:53:57	68	8032G 轨出2(副频)	192.1(mV) / 09:51:14	14.40(mV) / 09:51:13	132
69	8032G 轨入1(主频)	1092.8(mV) / 00:39:40	287.4(mV) / 09:51:14	1002.6(mV) / 18:53:57	70	8032G 轨入2(副频)	283.9(mV) / 07:01:19	31.30(mV) / 07:01:45	169
73	8046G 轨出1(主频)	740.2(mV) / 07:08:04	187.9(mV) / 06:56:33	705.8(mV) / 18:53:52	74	8046G 轨出2(副频)	249.8(mV) / 00:36:17	10.10(mV) / 09:42:47	130
75	8046G 轨入1(主频)	1635.4(mV) / 05:41:11	399.6(mV) / 06:56:33	1559.5(mV) / 18:53:52	76	8046G 轨入2(副频)	245.6(mV) / 00:36:16	10.10(mV) / 09:42:47	128

回放 | 日曲线 | 月曲线 | 年趋势 | 打印 | 导出 | 返回

图 3.2.10 移频接收电压日报表

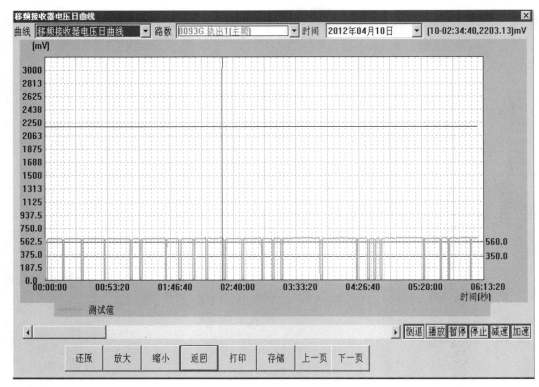

图 3.2.11 移频接收电压日曲线

2. ZPW-2000A 小轨道曲线查看方法

铁路信号集中监测系统采集 ZPW-2000A 轨道电路的小轨入电压、小轨入载频、小轨入低频、小轨出电压，当小轨出电压超出限界时给出报警。在铁路信号集中监测系统站机界面上点击移频，选择区间接收的实时值，就可以查看小轨道的实时值，如图 3.2.12～图 3.2.14 所示。

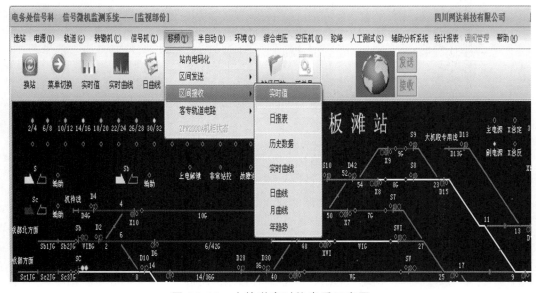

图 3.2.12 小轨道实时值查看示意图

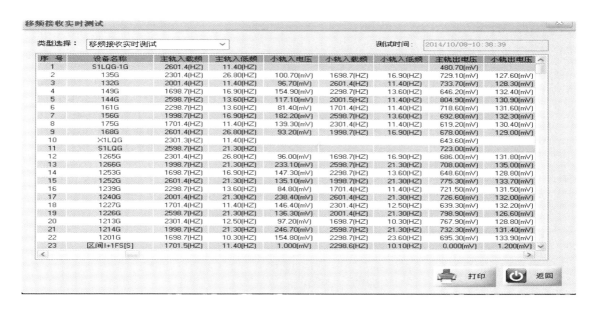

图 3.2.13 移频接收实时测试

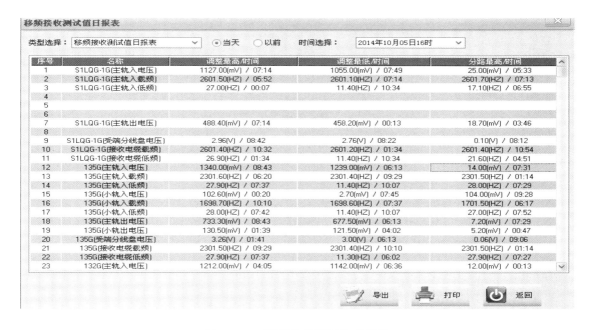

图 3.2.14 移频接收测试值日报表

选择需调阅的区段名、日期、类型、时间长度，点击调阅。若调阅数据为重要数据，可点击"存储"，人工保存这段时间的数据。历史数据能显示该区段模拟量与开关量的同步数据，方便数据分析，如图 3.2.15 所示。

图 3.2.15　移频接收测试值历史数据

选择需调阅的区段名、日期、类型、时间长度，点击调阅。若调阅数据为重要数据，可点击"存储"，人工保存这段时间的数据，如图 3.2.16 所示。需同时查看站场图信息，点击"关联分析"。

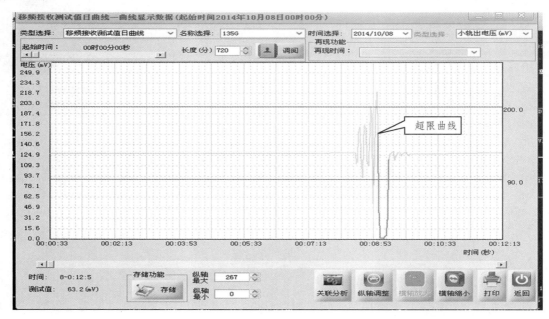

图 3.2.16　移频接收测试值日曲线

点击"关联分析"后，弹出"曲线关联分析时间设置框"，最长关联时间为 120 min，点击"确认"，如图 3.2.17 和图 3.2.18 所示。关联分析时，站场图数据、模拟量数据同步变化，方便分析。

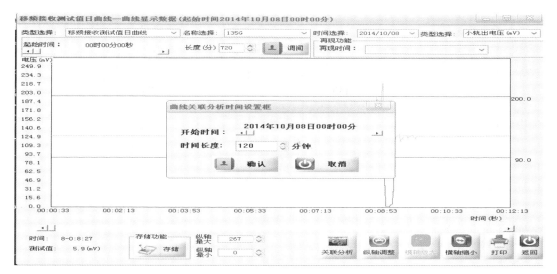

图 3.2.17　曲线关联分析时间设置

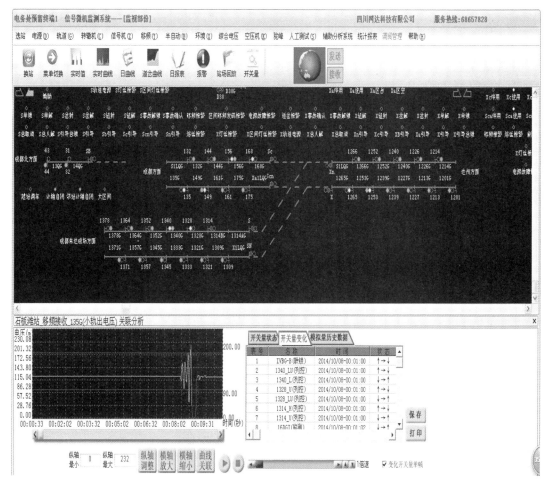

图 3.2.18　移频接收曲线关联分析

在铁路信号集中监测系统站机上可以查看小轨出对应开关量，例如 135G 小轨出的开关量，对应的是 135GXG 继电器，如图 3.2.19 所示。

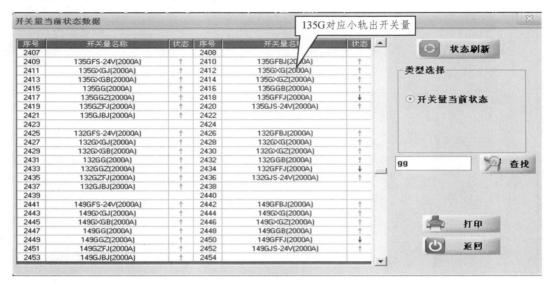

图 3.2.19　开关量当前状态数据

（二）典型的 ZPW-2000 轨道电路故障曲线分析

1．接收端电压下降曲线分析

（1）室外电容塞钉头松动曲线。

如图 3.2.20 所示，列车出清 X1LQG 后主轨接收电压下降，对室外设备检查发现，故障原因为补偿电容塞钉头松动。当补偿电容断线故障时，由于补偿作用的消失，钢轨感性的作用使信号在钢轨上产生较大的衰减，从而降低了接收端电压。

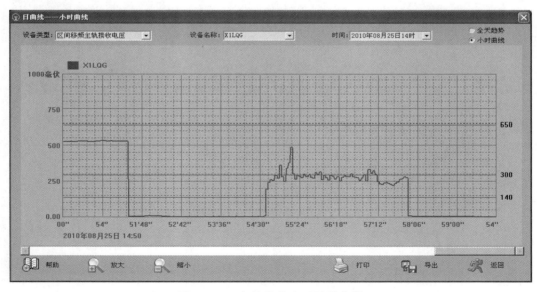

图 3.2.20　主轨接收电压异常曲线

（2）连接轨道电路防腐线不良曲线。

如图 3.2.21 所示，列车出清 9096G 后轨入电压下降了 200 mV，对该区段送受端电气绝缘、电容进行测试检查，发现送端长防腐线不良，更换后电压平稳，恢复正常。

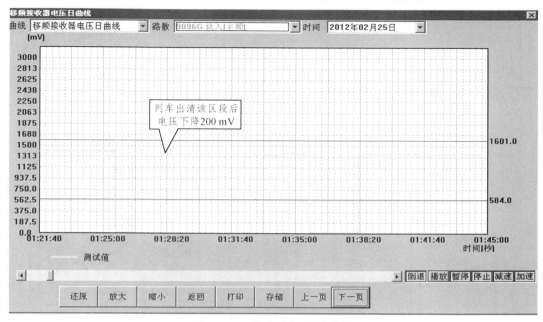

图 3.2.21　轨入电压异常曲线

（3）下雨漏泄曲线。

如图 3.2.22 和图 3.2.23 所示，因下雨导致道床电阻变小，道床漏泄电流变大，区间电压逐渐下降。主轨发送电压无变化，电缆侧接收及主轨电压缓慢下降。当电压降至 240 mV 时，为保证区间轨道电路正常使用，需上报、盯控，调整电平级。

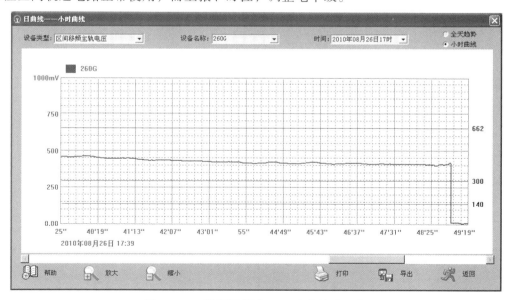

图 3.2.22　泄漏区间电压下降曲线（一）

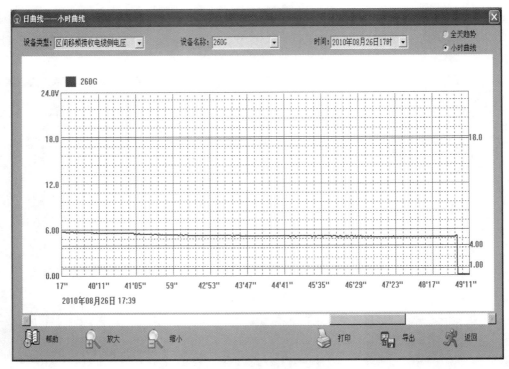

图 3.2.23　泄漏区间电压下降曲线（二）

（4）衰耗器不良曲线。

如图 3.2.24 所示，移频主轨接收电压曲线不平稳有波动，可判断为匹配变压器或衰耗盒不良，更换衰耗盒后电压回升且平稳。

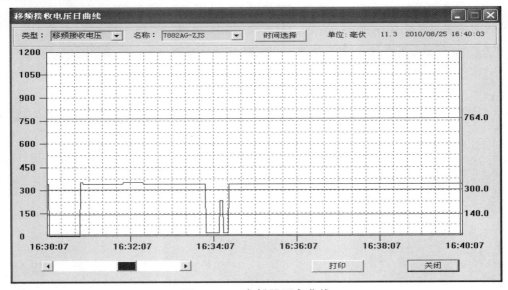

图 3.2.24　衰耗器不良曲线

2. 牵引电流不平衡曲线分析

在无绝缘轨道电路区段，每一个轨道电路区段设置一个起到平衡牵引电流的空芯线圈。

在两轨间该线圈应对 50 Hz 形成较低的阻抗，对不平衡电流电势起到平衡作用。另外，该线圈设在调谐区中间，适当确定参数，可起到改善调谐区阻抗作用。该线圈还用作复线区段，上下行线路间等电位连接、渡线绝缘两端牵引电流平衡以及防雷接地等作用。

如图 3.2.25 和 3.2.26 所示，9336G、9350G 轨入（主频）曲线呈现"缺口式"波动。通过对比分析判断，当下行电力机车通过 9350G 空心线圈对面（下行线）处空扼流变压器时出现此类情况，故障原因为连接空心线圈处长防腐线不良，更换后电压平稳，恢复正常。

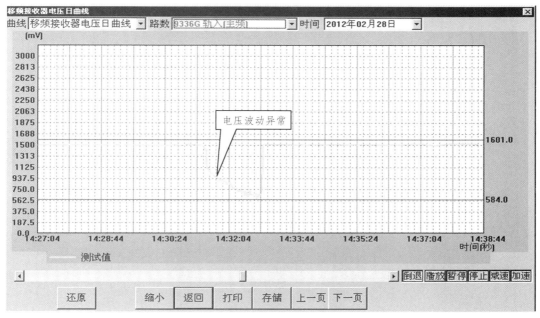

图 3.2.25　轨入电压波动异常曲线（一）

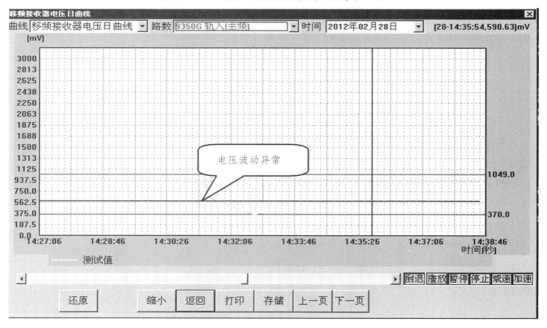

图 3.2.26　轨入电压波动异常曲线（二）

3. 发送端电压下降曲线分析

如图 3.2.27 所示，8865G 的功出电压正常，发送电缆侧端有回零，接收电缆侧也有回零情况。用移频表实测 8865G 发送电缆侧测试配线端子上电压，发现有回零情况，在 8865G 模拟网络盒电缆侧实测，仍有回零，把故障范围压缩在功出到模拟网络之间。通过分析，移频电缆侧电压回零问题具有共性，有很多车站都存在，且都是在两站的交汇区段。

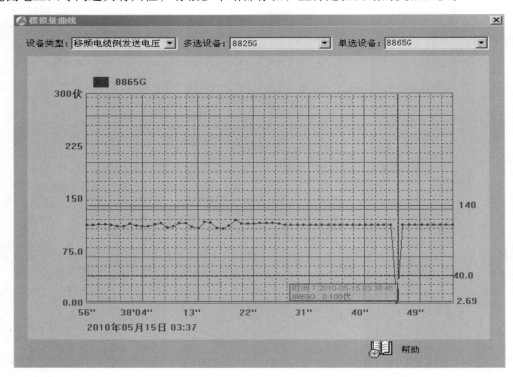

图 3.2.27　移频电缆侧发送电压回零曲线

复习思考题

1. CSM-td 型信号集中监测系统对 25 Hz 相敏轨道电路的采集路径是什么？

2. 25 Hz 相敏轨道电路相位角的采集应注意什么？

3. 一送双受轨道电路区段，当 DG 轨道受电端电阻短路时，轨道电压曲线会出现什么现象？

4. 铁路信号集中检测系统对高压脉冲轨道电路的监测内容是什么？

5. ZPW-2000 移频发送采集的路径是什么？

6. ZPW-2000 移频接收采集器采集哪些状态？如何采集？

7. ZPW-2000 移频接收采集使用阻抗匹配器的目的是什么？

8. ZPW-2000 监测子系统由哪几部分组成？

任务一　列车信号机点灯电流曲线分析

一、列车信号机点灯电流采集

1. CSM-ka 型监测系统信号机采集

CSM-ka 型信号集中监测系统使用电流传感器与信号机电流采集单元对列车信号机点灯电流进行采集，信号机电流采集通常拆取信号机组合熔断器到 DJ 的一段电源线，或是 DJ 输出的电源线，经电流传感器穿芯后再接回原电路。穿芯线在传感器处需绕 3 匝，即孔内 3 根线。采集路径为：DJ 电流传输线→信号机电流采集传感器→信号机电流采集单元。每个信号机电流采集单元最多可采集 4 路信号机电流。信号机电流采集电路如图 4.1.1 所示。

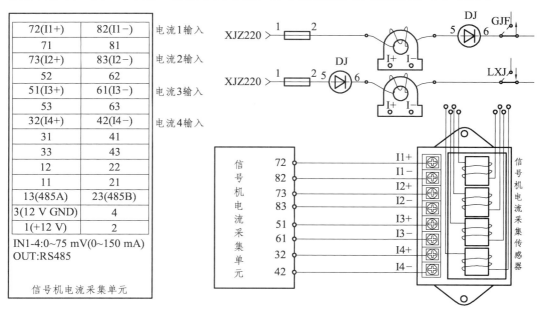

图 4.1.1　信号机电流采集原理

图 4.1.1 中所示电流传感器为无源模块，实际为电流互感器。新型电流传感器一般采用霍

尔电流传感器。信号机电流采集单元与电流传感器模块集中安装在采集组合上，每层 5 个采集单元，5 个电流传感器间隔安装。每 4 层输出一根 RS-485 通信线接通信接口分机。

2. CSM-td 型监测系统信号机采集

CSM-ka 型信号集中监测系统使用信号机灯丝电流模块和采集机的模拟量接口板对列车信号机点灯电流进行采集，模块的工作电源为+12 V，由机柜电源箱提供。一个模块可以采集两路点灯电流，模块就近安装于信号组合的 DJ 与 2DJ 底座之间，分别将 DJ 和 2DJ 的励磁线线包的 5 线断开并穿过电流采集器的 IN1 和 IN2 孔（无方向）后再恢复接好即可，如图 4.1.2 和图 4.1.3 所示。

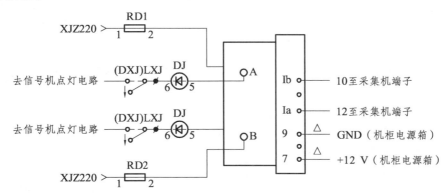

图 4.1.2　站内列车信号机点灯电流采集原理

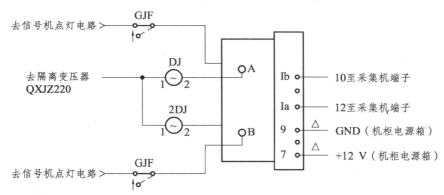

图 4.1.3　区间通过信号机点灯电流采集原理

信号机灯丝电流模块采集 DJ 和 2DJ 的点灯电流，然后将电流传输至采集机的模拟量接口板上，在模拟量接口板内进行隔离采样、A/D 转换和编码传输，通过 RS-485 总线将数据输出至通信板，然后由通信板经 CAN 总线发送给站机。

二、列车信号主灯丝断丝报警采集

列车信号主灯丝断丝的监测方案分为两种：一种为接口方案，一种为微机监测采用的电阻方案。

第一种方案介绍如下：

站内或区间（ZPW-2000A）信号机主灯丝断丝报警主机作为一个采集分机连入微机监测站机系统，分机号为15、16，通过专门制定的CAN协议进行通信。微机监测主机解析断丝报警主机传送的开关量报警信息，并加以报警。这种方案的优势在于可以报警定位到灯位。

另外一种方案为没有上述设备的车站，采用电阻方案，该方案只能测试站内列车信号机主灯丝断丝状况，并且无法报警到灯位。方案具体实现如下：

列车主灯丝断丝报警原理如图4.1.4所示。

主灯丝断丝监测电路是在原灯丝断丝报警电路中，增加部分检测电路，利用原断丝报警回路。为保证测试电路不影响原报警电路的正常工作，采取了如下措施。

在正常情况下，报警回路在X1、X1′和X2、X2′处通过测试继电器JB0的落下接点构通。在室外信号机中增加的测试电阻并联有一个二极管，二极管的正极接报警电源的正极Z，二极管的负极接报警电源的负极F，二极管处于正向导通状态，测试电阻不起作用，所以不影响原报警电路。

当有主灯丝断丝时，灯丝报警继电器吸起，综合采集机利用灯丝报警继电器或灯丝报警复示继电器的一组空接点，采集到其吸起状态。然后启动采集机开关量输出（由D4开出板第39、40位输出），使测试继电器JB0吸起。JB0吸起后断开原报警电路，接通检测电路，进入测试周期（时间为3~5s）。

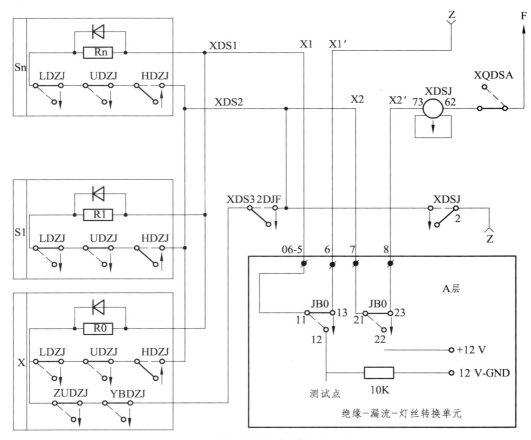

图4.1.4　主灯丝断丝监测电路原理

JB0 吸起后，X1、X1′和 X2、X2′断开，原报警电路被切断。同时测试盒上的测试电源（+12 V）通过 JB0 第二组前接点送到 X2，并送到室外 XSD2。测试电源的极性与原报警电源的极性相反，室外信号机中的测试二极管处于反向截止状态，测试电阻被串联到测试回路中，与测试盒中的 10K 电阻进行直流分压，测试点处的电压即是采样电压，采样电压经过量化处理后送到综合采集机模拟量输入板（D1-24），然后由 CPU 板选通进行 A/D 转换。

不同的信号机中装入不同的测试电阻，这样每架信号机在主丝断丝时，都有不同的分压，采集机判断不同的分压值，从而确定是哪一架信号机断丝。

测试电阻和量化电压（模入板 D1-24）如表 4.1.1 所示。

测试电阻安装注意事项：

（1）应按信号机距信号楼的距离由近及远、从小到大顺序安装。

（2）距信号楼最近的信号机不安装测试电阻。

（3）如果该咽喉信号机多于 10 架，则多架信号机使用同一种电阻，报警为架群。

表 4.1.1 测试电阻与量化电压对应

测试电阻	量化电压
0K	5 V
2.5K	4.53 V
4.28K	3.97 V
6.6K	3.42 V
10K	2.83 V
15K	2.28 V
23.3K	1.71 V
40K	1.14 V
90K	0.57 V
∞	0.29 V

三、列车信号机点灯电流曲线分析

（一）列车信号机点灯电流技术标准

列车信号机点灯电流大小的调整是为了确保 DJ 的吸起，因此点灯电流的技术标准取决于 DJ 的型号。站内信号机的 DJ 和 ZPW-2000K 客专区间的通过信号机 DJ 常使用 JZXC-H18 型继电器，列车信号机的工作电流值在 100 ~ 130 mA；ZPW-2000A 型区间的通过信号机 DJ 常使用 JZXC-H18F、JZXC-H18F1、JZXC-16F、JZXC-16/16 型继电器，该继电器的工作电流调整值在 140 ~ 155 mA。

列车信号机点灯电流的大小不是一直不变的，当列车信号机点亮不同颜色灯光时，点灯电流的大小可能也有相应的变化，因此在分析点灯电流曲线时仅看电流实时值是否达标是不够的，还需要对不同灯位时点灯电流曲线进行分析，确保各灯位点灯正常。一般情况下，信号机不论点单灯位或点双灯位，DJ（或 1DJ）均应常点灯，电流常有，不会出现电流值为 0

的现象；而只有在点双灯（如进站开放 UU、USU、LU、HB 或区间信号机点 LU）时，才会使用 2DJ，此时 2DJ 才会有电流。客专区间通过信号机点灯与常规情况不同，其点 H 灯、L 灯时，使用 1DJ；点 U 灯时，使用 2DJ。

（二）信号机点灯电流曲线分析

1．信号机点灯电流正常曲线分析

（1）通过信号机 DJ 点灯电流曲线分析。

如图 4.1.5 所示，总体看来通过信号机点灯时电流曲线平直，电流值达标；当转换灯位时电流曲线可能会有瞬间的变化，但时间不应太长；在点亮不同颜色的灯位时，各灯位间的点灯电流值基本相等；DJ 电流从无断电现象。在 28'23″左右有车占用，信号机改点 H 灯，点灯电流值为 155 mA；随着列车运行，在 30'11″左右信号机改点 U 灯，点灯电流值为 153 mA；在 32'53″左右该信号机点 LU 灯，点灯电流为 L 灯回路点灯电流，大小为 148 mA；随着列车继续运行，信号机改为单点 L 灯，此时电流值比点双灯位电流值稍有上升。通过信号机在灯位转换过程中出现点灯电流瞬间突升突降，属于正常现象。

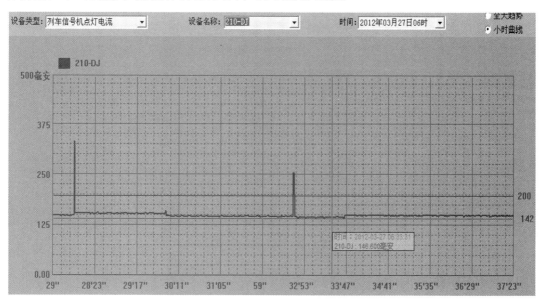

图 4.1.5　通过信号机 DJ 点灯电流曲线

（2）通过信号机 2DJ 点灯电流曲线分析。

如图 4.1.6 所示，大部分时间通过信号机只有一个灯位点灯，2DJ 处于落下状态，此时 2DJ 的电流值为 0。在 32'53″至 33'47″之间，通过信号机开放 LU，2DJ 吸起用于监督 U 灯灯丝的完整性，此时 2DJ 电流值即为 U 灯回路点灯电流值。

（3）进站信号机 USU 点灯电流曲线分析。

当进站信号机开放 USU 时，1U 灯处于时亮时暗的闪光状态，在点亮时电流值为正常值，在灯暗时由于点灯电路中串入大电阻，点灯电流会明显下降，因此点灯电流曲线呈波动状态，如图 4.1.7 所示。

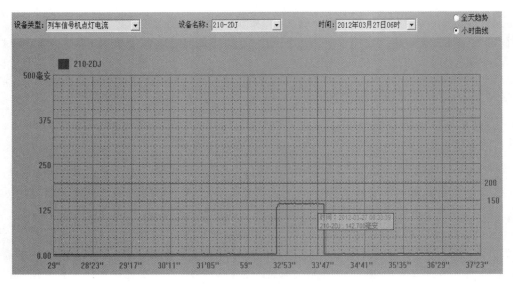

图 4.1.6　通过信号机 2DJ 点灯电流曲线

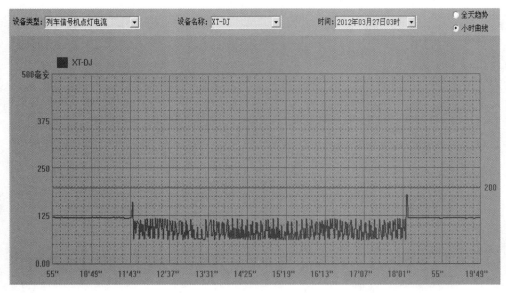

图 4.1.7　进站信号机 USU 时 DJ 点灯电流曲线

2. 信号机点灯电流故障曲线分析

（1）通过信号机故障灯位灭灯曲线。

如图 4.1.8 所示，在 40″至 17′4″之间，0118 通过信号机 L 灯点灯电流为 141 mA，电流值正常；在 17′4″至 19′46″之间，信号机点灯电流曲线明显突降为 0，说明该信号机在此时出现灭灯现象；在 19′46″以后，信号机 U 灯点灯电流为 165 mA，电流值回复正常。通过分析发现，0118 通过信号机点 L 灯、U 灯时，点灯电流正常，而在应点 H 灯（即车进入该信号机内方防护区段）时出现电流为 0 的现象，且该信号机显示为灭灯状态。造成该故障常见的原因：故障灯位灯泡的主副灯丝双断；点灯单元故障；灯座不良；故障灯位点灯电路中接点、配线、电缆不良。

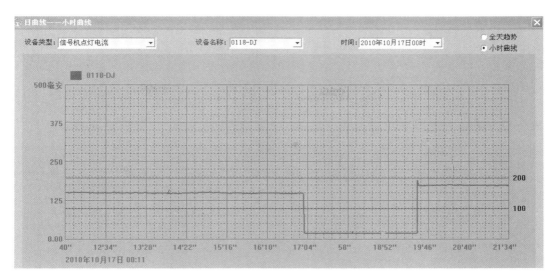

图 4.1.8　通过信号机故障灯位灭灯曲线

（2）通过信号机点灯电流不达标曲线。

如图 4.1.9 所示，14′56″之前，信号机 L 灯点灯电流为 149 mA，达到标准值；14′56″至 20′40″之间，信号机 H 灯点灯电流为 119mA，低于标准值；在 20′40″之后，信号机 U 灯点灯电流为 145 mA，电流值正常。

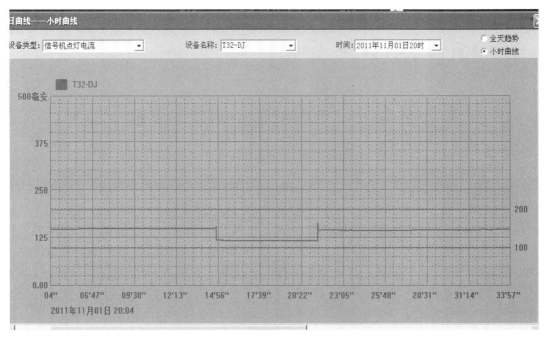

图 4.1.9　通过信号机点灯电流不达标曲线

通过调看点灯电流模拟量数据发现，信号机 H 灯点灯电流不达标，这可能会导致 DJ 不能可靠工作，所以要将 H 灯灯位的电流调整至标准值。点灯电流不达标常见的原因可能为点灯电流调整不当，也可能为微机监测与实测数据不符。

（3）出站信号机点灯电流波动曲线。

如图 4.1.10 所示，在 26′52″至 37′44″之间，出站信号机电流曲线上出现数据波动的现象，此时需调看点灯电流模拟量数据，判断此现象是固定出现在信号机的某一灯位，还是各个灯位都出现了波动的现象，通过万用表实际测量比对，再去查找相关的故障点。

造成该故障曲线的常见原因有：灯泡主灯丝发黑，灯泡焊点接触不良；灯座接触点氧化；各部端子的螺丝、配线松动；当实测无波动时，可检查微机监测采集模块、采集板有无问题。

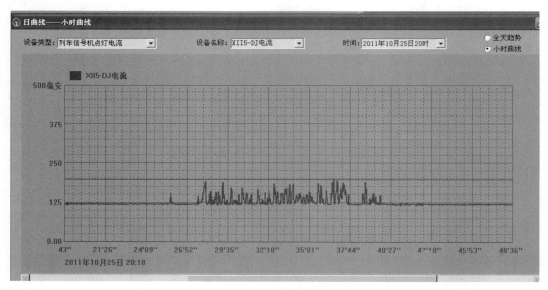

图 4.1.10　出站信号机点灯电流波动曲线

任务二　电源设备监测数据分析

一、外电网综合质量采集

外电网综合质量采集设备为外电网质量监测箱，就近安装在外电输入开关附近。采集电路如图 4.2.1 所示，每个外电网质量采集箱内放置 2 个 J6380W-I 型电源功率采集模块，分别接收 1 路和 2 路输入电源的电压和电流信息，电压采集线需经过空气开关的防护再接往采集模块，外部电流采集传感器输出线接至右上方的电源端子。采样路径：1 路和 2 路外电输入→输入闸刀外侧→电源功率采集模块。采集模块将采集的电压和电流直接转换成数字信息，并计算出相位角和功率数值输出。采集模块使用直流 12 V 电源，输出使用 RS-485 总线，接通信接口分机。

外电网采集的相位角是根据电压采集判断的，正常情况三相相位角均为 120°。当其中任意两相配线反时，同一路外电的 3 组相角都会变成 240°。

外电网采集主要的是要核对采集的电压和电流各相与实际采集的外电相序是否一致。检查电压的方法为同相间量电压（如外电网箱的 A 相对采集的 A 相量），应没有电压值。而 A

对 B，A 对 C 量都是 380 V。电流采集必须与电压采集的相序一致，即 A 相电压与 A 相电流一一对应。

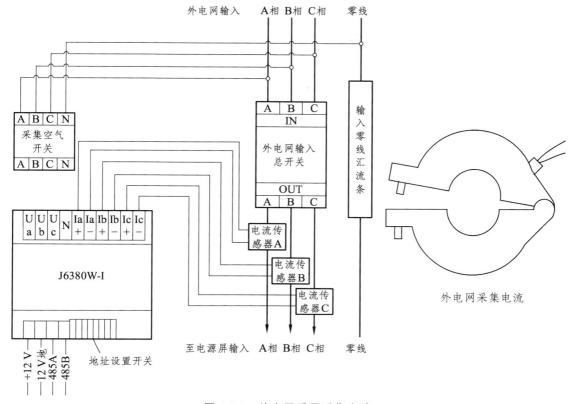

图 4.2.1　外电网质量采集电路

当程序显示外电网功率信息时，应注意总功率等于各相功率之和。若数值不等，或相功率比总功率数值还大，需要检查电压和电流采集是否一一对应，配置文件中的倍率是否过大。

外电压采集电压较高，放置和配线的位置均为带电危险区，电压采集点无空开保护，因此监测调试人员不得擅自接触相关的采集配线，对配线的任何修改都要由施工人员完成。

二、电源屏瞬间断电、错序、断相和断电的监测

1. 电源屏两路输入电源瞬间断电的监测

瞬间断电：一路 380 V 电压只产生一个瞬间断电报警信息，开关量表示瞬间断电的报警条件是一相电压小于额定值的 65%，持续时间大于 140 ms 但小于 1 s。

瞬间断电监测原理如图 4.2.2 所示，三组电源经过高阻降压后，输入隔离模块，把电压信号转换为开关信号，然后输入综合采集机开关量输入板。综合采集机 CPU 高速扫描开关量的状态变化，当低电平持续时间超过 140 ms 即有报警输出。

2. 错序的监测

一路 380 V 电压只产生一个错序报警信息，用灯位来显示。错序的报警条件是：一路 380 a 点、b 点之间夹角，b 点、c 点之间夹角，c 点、a 点之间夹角，超过 120°±2°，一级报警。

错序识别原理如图 4.2.3 所示，输入的三相电源经错序识别电路，转换为表示相序状态的开关量，送入开关量输入板。相序正确时，错序识别电路输出高电平；反之输出低电平，报警并记录。

图中电容器接 A 相时，则 B 相电压较高，C 相电压较低。当相序正确时，错序识别电路输出高电平，反之输出低电平。

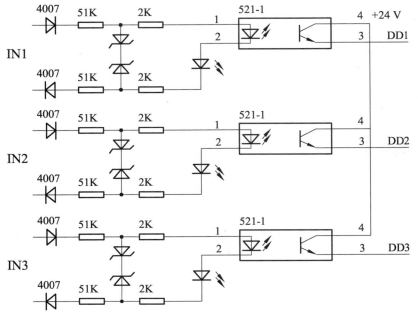

图 4.2.2　瞬间断电监测原理

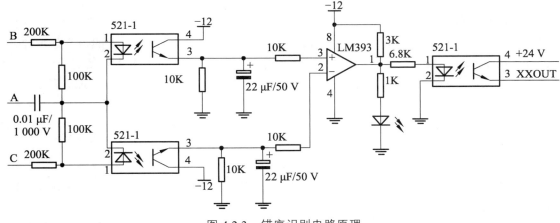

图 4.2.3　错序识别电路原理

3. 三相电源断相报警、断电监测

断相监测只在大中型站（安装有三相交流电源屏）进行。一路 380 V 电压有一相断相（一相电压小于额定值的 65%，持续 1 s 以上），立即产生该相断相报警信息。一路 380 V 电压有三个断相报警信息。此时，不能误报瞬间断电，也不能同时报错序。

三相电源断相监测原理如图 4.2.4 所示。

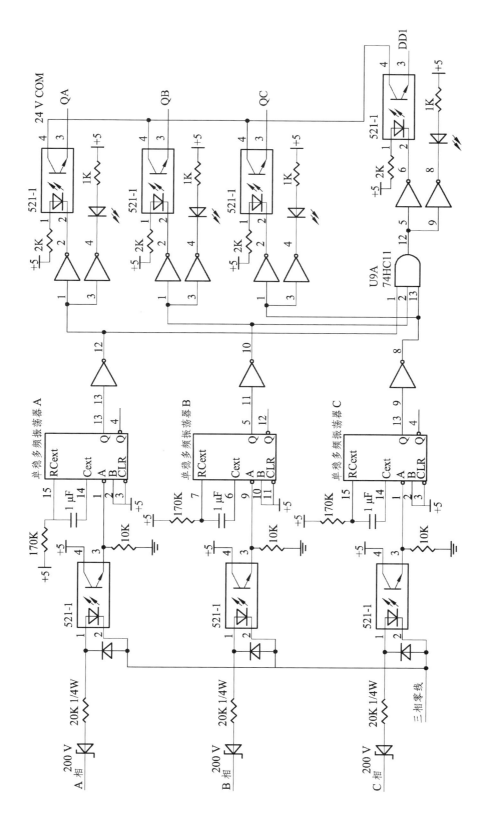

图 4.2.4 三相电源断相监测原理

QA、QB、QC、DD1 四个输出接到综合采集机开出板最后 8 位，作为开关量输入。在三相电源没有断相的情况下，多谐振荡器输出低电平，这时候 QA、QB、QC、DD1 四个输出都为高电平。其中任一相断相时，相应的输出变为低。当三相电源都断电或其中两相断电时，断电输出 DD1 变为低。

三、熔丝断丝报警

对安装了多功能熔丝转换单元的车站，一般都配套加装了熔丝报警设备，所以监测系统没有必要对每个熔丝的状态进行监测。一般的采样方法有两种：监测控制台总熔丝报警状态；采集熔丝报警排架灯。

熔丝报警排架灯采样原理如图 4.2.5 所示。

图 4.2.5（a）中的接法是共报警负，图 4.2.5（b）中的接法是共报警正。熔丝报警电源一般有直流 12 V、24 V、50 V 三种，根据报警电源的大小，需要选择不同的开入板输入参数。开入板输入端稳压管和限流电阻与熔丝报警电源大小的对应关系如下：

（1）报警电源为 DC 24 V 时，稳压管为 12 V，限流电阻为 6.8K。

（2）报警电源为 DC 12 V 时，稳压管为 6.2 V，限流电阻为 3.3K。

（3）报警电源为 DC 50 V 时，稳压管为 12 V，限流电阻为 36K。

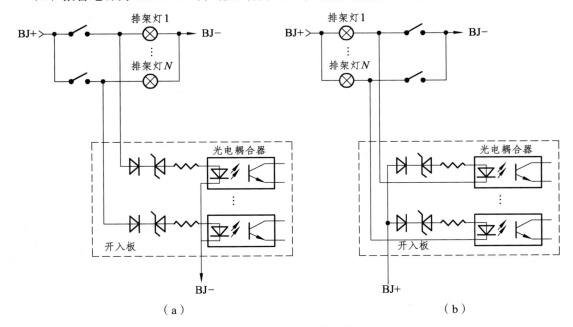

（a）　　　　　　　　　　　　　　　　　　（b）

图 4.2.5　熔丝断丝报警采样原理

熔丝报警采集开入板如图 4.2.6 所示，开入板正面并排的两个灯为电源灯和工作灯，正常情况下电源灯常亮，工作灯闪烁。往下排列为两组显示灯，一组 6 个，一组 8 个。相互组合总共显示开入板采集输入的 48 个开关量状态。上面 6 个灯，每个灯对应 1 组 8 个位，即当上面第 1 个灯亮时，下面 8 个灯的状态表示开入板的第 1 ~ 8 个采集的输入状态，当上面第 2 个灯亮时，下面 8 个灯表示第 9～16 个采集的输入状态，以此类推。当开入板正常工作时，上一组的 6 个灯依次循环检测，同时下一组的 8 个灯对应分别显示各组采集状态。

开入板右边有两组跳线，用于将开入板的 a17、b17、c17 三个采集环线端子连在一起。开入板总共可采集 48 路开关量输入，对应端子位置为 a1～c16。

当开入板采集输入只有一种电源时，可只在 a17 上环接采集负电环线，而用跳线将其他的另两个端子环在一起。如果开入板上要采集不同的电源，只能 16 个端子一组分开使用，每 16 输入端子对应 17 上的一个采集环线端子。其中 a17 对应第 1～16 路，b17 对应第 33～48 路，c17 对应第 17～32 路。

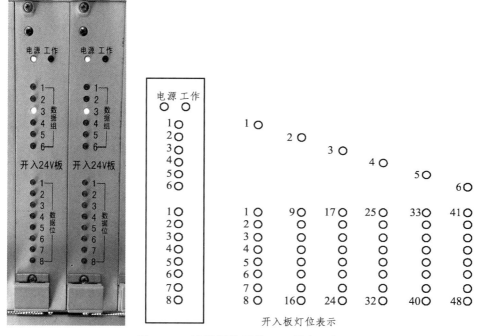

图 4.2.6 熔丝报警采集开入板表示灯

四、外电网综合质量监测数据分析

1. 外电网突然断电曲线分析

如图 4.2.7 所示，在 15′20″左右时外电网Ⅱ路电压下降为 0，5 min 后电压才恢复，经信号工检查发现，造成该故障曲线的原因为打雷造成外电网Ⅱ路断电，主副电源转换。

2. 外电网瞬间断电曲线分析

如图 4.2.8 和图 4.2.9 所示，由于外电网Ⅰ、Ⅱ路同时瞬间断电，造成 GJZ 220 V、KZ 24 V 等电源电压也同时瞬间下降，全站瞬间红光带，开放的信号非正常关闭。

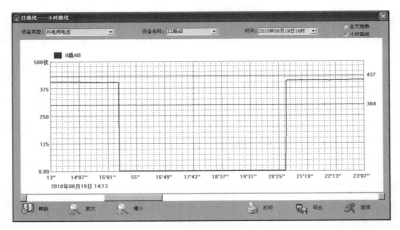

图 4.2.7　外电网突然断电曲线

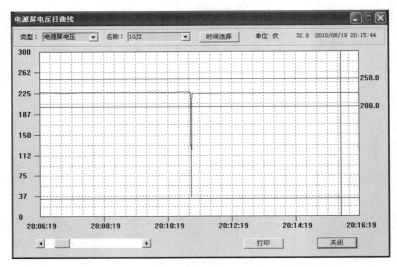

图 4.2.8　GJZ 220 V 电源电压瞬间下降曲线

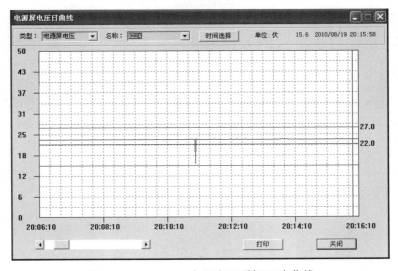

图 4.2.9　KZ 24 V 电源电压瞬间下降曲线

3. 外电网电压波动曲线分析

如图 4.2.10 和图 4.2.11 所示，外电网电压波动造成电源屏输入Ⅰ、Ⅱ路电源频繁转换，对 D1 端子板 3#、4#端子电源线连接处多次冲击，为电源线的发热埋下隐患，可能造成电源线阻燃层烧焦冒烟进而烧坏相邻的电源线。

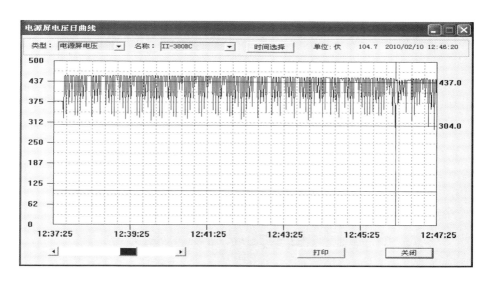

图 4.2.10　电源屏电压波动曲线（一）

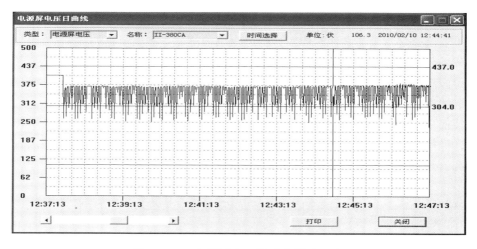

图 4.2.11　电源屏电压波动曲线（二）

4. 电源屏输出电压瞬间波动

如图 4.2.12 所示，Ⅰ、Ⅱ路（外电网）电源正常情况，电源屏 DZ220、1XJZ220 等输出电压瞬间波动，造成此种现象的原因之一是转换屏内一电容损坏，应及时进行更换，避免可能发生的重大故障。

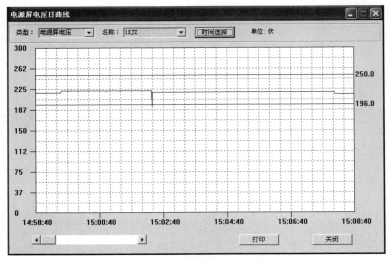

图 4.2.12 电源屏输出电压瞬间波动

任务三 电缆绝缘监测数据分析

一、电缆绝缘测试

1. 电缆绝缘测试流程

电缆绝缘测试是指电缆芯线全程对地绝缘电阻的测试，测试流程如图 4.3.1 所示。综合采集机通过开关量输出板驱动安全型继电器，由继电器接点组成的多级选路网络将所选的电缆芯线接入绝缘转换单元。选路网络具有互切特性，保证同一时刻只有一条电缆芯线被选通，不会发生混线现象。

绝缘转换单元采用 500 V 直流高压在线测试方法，将电缆全程对地绝缘电阻转换为相应的电压值，经放大电路后送到绝缘测试表进行 A/D 转换、数码管显示，绝缘测试表通过两根通信线与综合采集机绝缘接口板交换数据。

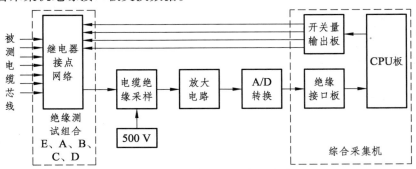

图 4.3.1 电缆绝缘、漏流测试流程

2. 电缆绝缘测试原理

绝缘测试电路如图 4.3.2 所示，将特制的 500 V 直流高压加到电缆芯线上，把电缆芯线全

程对地绝缘电阻 R_x 接入测试回路，R_x 与测试回路内的采样电阻串联，其大小决定采样电阻上电压的大小。采样电压经放大电路后的输出 JY-AD 是一个 0～5 V 的标准直流电压。

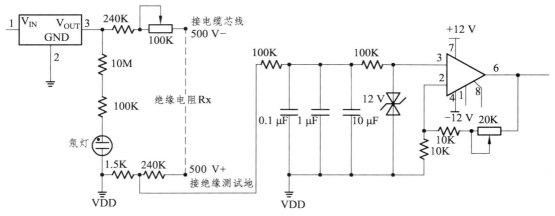

图 4.3.2　电缆绝缘测试原理

3. 电缆绝缘测试组合

绝缘测试组合的排列方式如图 4.3.3 所示。一套测试组合由 35 个继电器组成，分为 A、B、C、D、E 层，其中 E 层为基本转换组合，其他 4 层为电缆芯线转换组合，接电缆芯线。

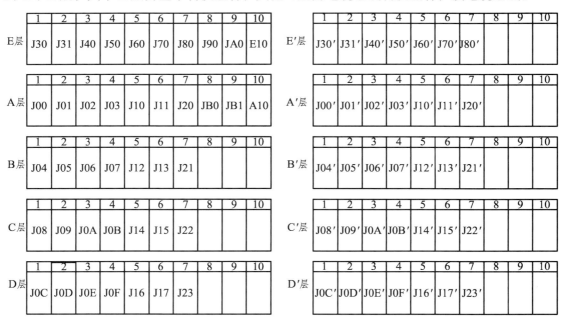

图 4.3.3　绝缘漏流测试组合

组合内继电器接点形成树形阵列开关，选路网络具有互切特性，其电路如图 4.3.4 和图 4.3.5 所示，保证同一时刻只有一条电缆芯线被选通，不会发生混线现象。根据车站所需测试的电缆芯线数量来选用测试组合，电缆绝缘漏流测试继电器组合选用与电缆芯数的对应关系如表 4.3.1 所示。每一套测试组合最大容量为 256 根电缆芯线，每台采集机测试电缆的最大容量为 768 路。

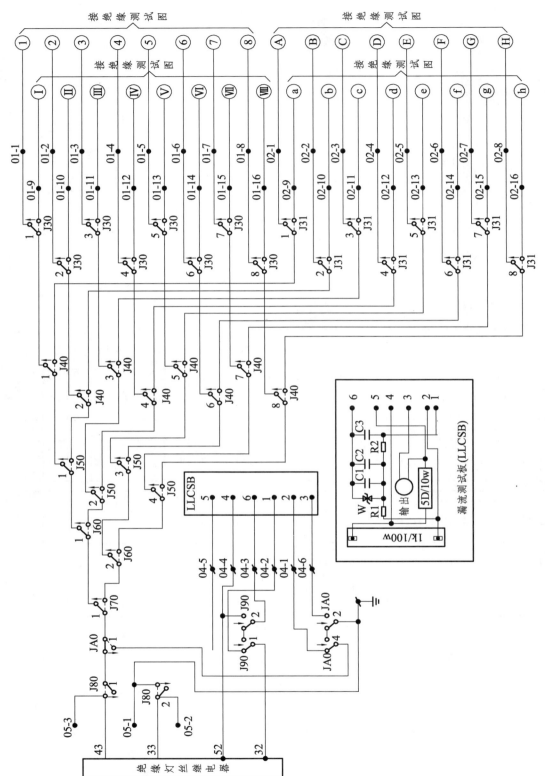

图 4.3.4 互切电路原理图（一）

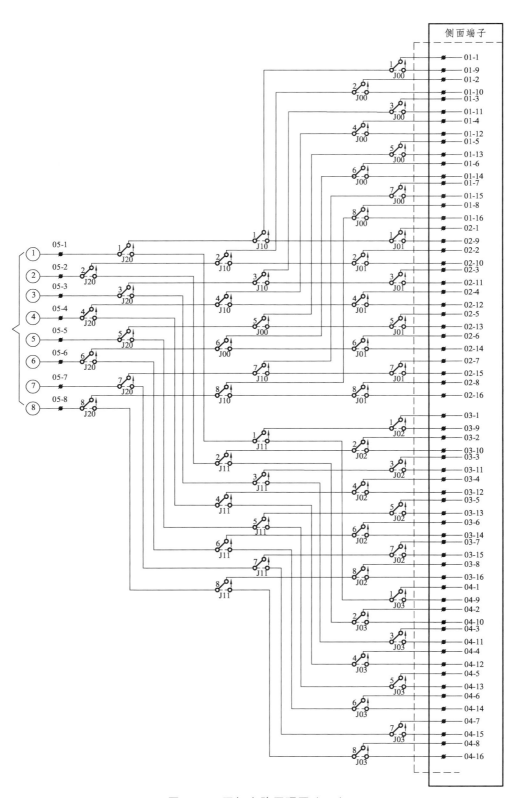

图 4.3.5　互切电路原理图（二）

当绝缘测试路数在 256 路以内时使用 E、A、B、C、D 共 5 层组合中的几层组合，其继电器受综合采集机上 C1-D4 的开出板控制吸起，当绝缘路数大于 256 路，小于 512 路时，需再增加 E′、A′、B′、C′、D′5 层组合，同时在综合采集机上对应增加 C1-D5 的开出板。

表 4.3.1　电缆绝缘漏流测试继电器组合选用

电缆芯线数量	组合
1~64 条	E+A
65~128 条	E+A+B
129~192 条	E+A+B+C
193~256 条	E+A+B+C+D

绝缘漏流测试组合中有两个固定位置不是继电器，即 E10 和 A10。E10 为灯丝漏流测试单元，A10 为绝缘测试单元。

在绝缘漏流测试组合 A 层的第 10 个继电器位置，固定安装绝缘测试表。绝缘表工作用的 220 V 电源由测试组合的 J80 继电器控制，当 J80 吸起时接通电路向绝缘测试表供电，绝缘表发出 500 V 直流电压，再经过 J80 的吸起节点送往绝缘测试组合。

4. 电缆绝缘测试案例分析

绝缘测试时，所有的测试数据都大于 20 MΩ 或某一路电缆绝缘测试数据和使用兆欧表测试数据相差很大，造成数据有误最可能的原因就是直流 500 V 测试电压没有送出，需要查找故障点。查找故障时应参照电缆绝缘测试单元接线图，如图 4.3.6 所示。

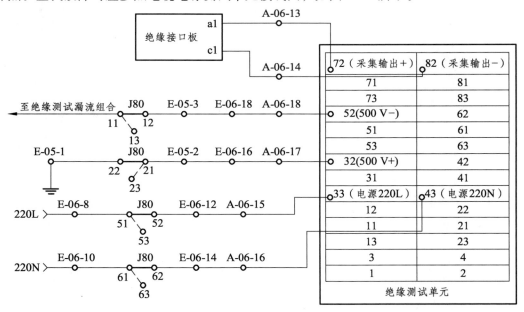

图 4.3.6　绝缘测试单元接线图

首先检查 E 层 05-1 上必须接设备地，以确保与测试地构成回路。

再次检查机柜到 E 层的交流 220 V 电源是否送到绝缘表上。

交流 220 V 电源路径：E-06-8、E-06-10→绝缘测试组合继电器（J80）接点→E-06-12、

E-06-14→A-06-15、A-06-16→绝缘表 33、43 接点。

如果交流 220 V 电源没有问题，最后检查绝缘表 500 V 直流电是否送出。使用万用表千伏直流电压挡，正表笔接地，负表笔接需测试的绝缘电缆，此时在监测主机上进行对应电缆的绝缘测试，当电缆绝缘良好未接地时，万用表应能量到测试的 500 V 直流电压。

如量不到测试电压，因先确认电缆绝缘良好，然后检查绝缘组合地线是否接好。确认无误后再根据 500 V 电压路径逐个检查各节点上能否量到 500 V 电压，以判断是哪部分电路出问题。

500 V 直流测试电压输出的路径为：绝缘表→A 层侧面 06-17、18→E 层侧面 06-16、18→E 层侧面 05-2、3→绝缘测试组合继电器接点→绝缘组合输出侧面端子→分线盘或电源屏的对应电缆。

二、电缆绝缘监测数据分析

全程信号电缆芯线（包括连接的设备，电子设备除外）与大地之间的电阻值的标准为：小站、区间、道口不小于 1 MΩ，大站一般不小于 0.75 MΩ。值班人员根据本站情况每天定时打开铁路信号集中监测系统全测功能进行全测，发现小于 1 MΩ 的要进行记录，单独测试其绝缘值，并与前几日报表数据进行对比，根据不同情况分析处理。若电缆芯线连接的设备安装有防雷保安器，防雷保安器的导通电压低于 500 V 时，应拔除防雷模块进行测试，以免影响测试结果的准确性。

1. 电机接地造成电缆绝缘不稳定

在 5 月份 21 号道岔的 X3 电缆的绝缘值均大于 20 MΩ，但是从 7 月中旬开始 X3 电缆的绝缘值很不稳定，电气特性的变化较大，说明道岔控制电路设备存在故障隐患。经信号工现场检查测试，发现故障原因为电机接地，在更换电机后 X3 电缆的绝缘值稳定升高，如图 4.3.7 和图 4.3.8 所示。

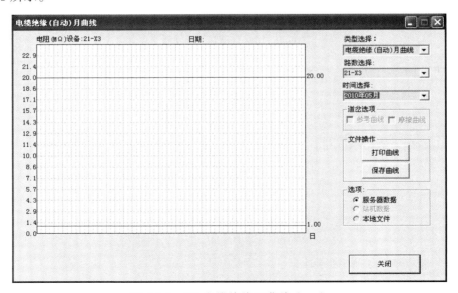

图 4.3.7　X3 电缆绝缘月曲线（一）

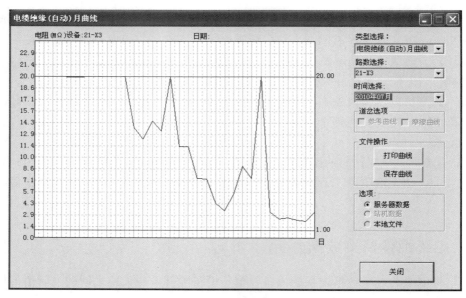

图 4.3.8　X3 电缆绝缘月曲线（二）

2. 电机炭粉多造成电缆绝缘过低

如图 4.3.9 所示，427/431 号道岔的 X4 电缆绝缘测试值为 0.68 MΩ，低于标准值。经信号工现场排查发现，故障原因为电机换向器上的炭粉过多，造成 X4 电缆绝缘低于标准值。信号工擦拭后，X4 电缆绝缘已恢复。

序...	设备名称	测试值	时间	备注
149	427/431-X3	19.98(兆欧)	13:34:34	
150	427/431-X4	0.68(兆欧)	13:31:54	
151	421/425-X3	19.98(兆欧)	13:34:50	
152	421/425-X4	1.42(兆欧)	13:32:10	
153	401-421DG-H	19.98(兆欧)	13:35:06	
154	421/477G-H	20.00(兆欧)	13:32:26	
155	405-407DG-H	19.98(兆欧)	13:35:22	
156	D417G-H	20.00(兆欧)	13:32:42	
157	D411G-H	19.98(兆欧)	13:35:38	

图 4.3.9　X4 电缆绝缘测试报表

3. 出站信号机电缆绝缘过低

如图 4.3.10 所示，SV 出站信号的 LUH 电缆绝缘测试阻值小于 0.2 MΩ，低于标准值。经信号工现场检查发现，信号变压器箱盒底部有潮气，打开箱盒晾晒后 LUH 电缆绝缘恢复。

4. 电缆接地造成电缆绝缘过低

如图 4.3.11 所示，37/39 号道岔的 X4 电缆绝缘阻值测试小于 0.2 MΩ，低于标准值。经信号工现场排查发现，39 号道岔大修后新下的电缆有接地情况，经更换备用电缆后，现电缆绝缘已恢复良好。

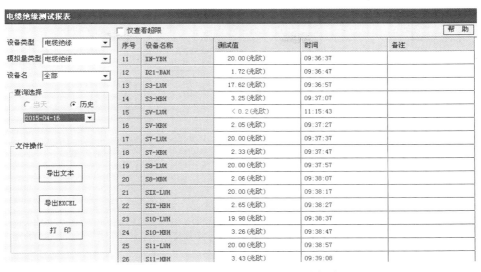

图 4.3.10　信号机电缆绝缘测试报表

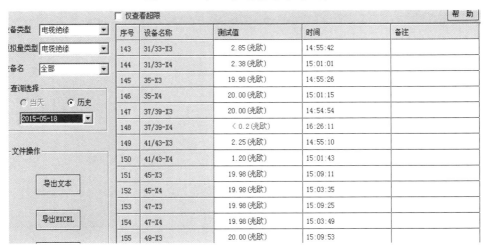

图 4.3.11　道岔电缆绝缘测试报表

任务四　电源对地漏泄电流监测数据分析

一、电源对地漏泄电流监测数据采集

1. 漏流测试流程

电源漏流测试流程如图 4.4.1 所示，综合采集机接收站机的测试命令，通过开关量输出板驱动继电器接点网络动作，将要测试的电源线（电缆线）接入漏流采样电路进行采样。采样电压信号经过量化转换为 0 ~ 5 V 直流电压后，送到综合采集机模拟量输入板，然后由综合采集机 CPU 板选通进行 A/D 转换。

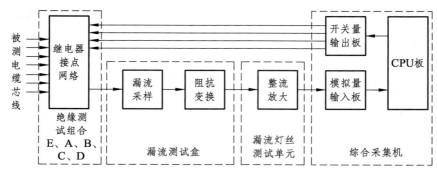

图 4.4.1　漏流测试流程

2. 漏流测试原理

如图 4.4.2 所示，被测的电源电缆芯线通过继电器接点选路网络接到电源漏流测试板上，为了提高测试精度，对交流和直流电源通过继电器切换到不同的测试电路进行测试。测交流电源漏流时，JA0 吸起，J90 落下，在 50Ω 电阻上采样。测直流电源漏流时，JA0 吸起，J90 吸起，在 1 kΩ 电阻上采样。

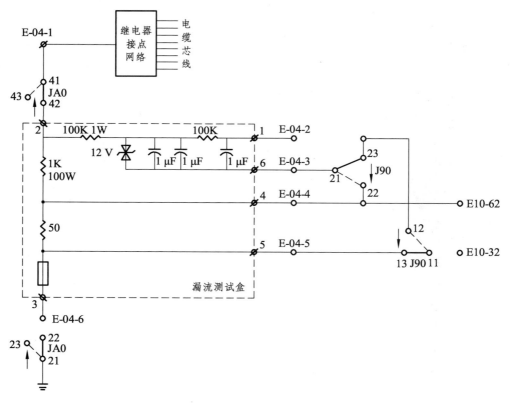

图 4.4.2　漏流测试原理

3. 漏流测试案例分析

漏流测试时，所有交流均大于 100 mA 或所有直流均大于 1 mA 的原因分析如下：

如果实测正常，则是微机监测采集问题，可能的原因是：漏流测试表已坏；漏流电阻防护盒已坏；监测机柜内用于漏流测试的电流模入板已坏。

二、电源对地漏泄电流监测数据分析

电源对地漏泄电流标准为：15 组以上大站交流不大于 100 mA，直流漏流为 0 mA；含 15 组及以下小站交流不大于 50 mA，直流漏流为 0 mA。

1. 电源对地漏流超标

如图 4.4.3 所示，区间+24 V 的 1、2、3 束电源对地漏流超标（交流不大于 20 mA，直流不大于 1 mA）。经过信号工检查测试，发现故障原因为 TDCS 机柜内部接地，TDCS 电源从区间屏引出。

序号	设备	测试值 (毫安)	测试时间
16	区间继电器F	0.1	10/08/12 14:56:45
17	站间联系1Z	0.0	10/08/12 14:57:10
18	站间联系1F	0.0	10/08/12 14:57:36
19	+24 (3)	1.6	10/08/12 15:35:58
20	024 (3)	0.1	10/08/12 14:58:23
21	局部电路1Z220	<3mA	10/08/12 14:58:51
22	局部电路1F220	<3mA	10/08/12 14:59:23
23	局部电路2Z220	<3mA	10/08/12 14:59:50
24	局部电路2F220	<3mA	10/08/12 15:00:14
25	稳压备用JZ220	3.6	10/08/12 15:09:00
26	稳压备用JF220	5.2	10/08/12 15:09:31
27	微机联锁JZ220	8.5	10/08/12 15:09:53
28	微机联锁JF220	8.8	10/08/12 15:10:17
29	+24 (2)	1.6	10/08/12 15:36:30
30	024 (2)	0.1	10/08/12 15:11:05
31	+24 (1)	1.6	10/08/12 15:19:17
32	024 (1)	0.1	10/08/12 15:11:55
33	直流转辙机Z220	0.0	10/08/12 15:12:18
34	直流转辙机F220	0.0	10/08/12 15:12:40

图 4.4.3　电源漏流日报表

2. 电源漏流超标

如图 4.4.4 所示，DZ220 漏流电流为 1.2 mA，超过标准值。经过信号工检查测试，发现室外箱盒内有潮气。信号工利用天窗时间打开箱盒晾晒后，DZ220 漏流电流恢复正常。

设备类型 电源漏流 设备分类 全部 设备名 全部 采集选择 ☑ 电源漏流	⊙ 时间 2015-03-16 ▾	手动查找	□ 显示超限项 □ 显示差异较大项		黄色底色：表示最大值与最小值相差较大
			电源漏流		
	序号	设备名称	测试值	时间	
	10	XGJF220	17.00(毫安)	21:46:17	
	11	SGJZ220	17.59(毫安)	21:46:24	
	12	SGJF220	17.00(毫安)	21:46:31	
	13	JJZ220	<3(毫安)	21:46:37	
	14	JJG110	<3(毫安)	21:46:44	
	17	OJZ220	<3(毫安)	21:46:50	
	18	OJF220	<3(毫安)	21:46:55	
	19	JJG110	<3(毫安)	21:47:03	
	20	JJF220	<3(毫安)	21:47:09	
	21	DJZ220	<3(毫安)	21:47:16	
	22	DJF220	<3(毫安)	21:47:23	
	23	JZ200	<3(毫安)	21:47:30	
	24	JF220	<3(毫安)	21:47:35	
	29	DZ220	1.20(毫安)	21:47:44	
	30	DF220	0.31(毫安)	21:47:50	
	31	KZ24	0.00(毫安)	21:47:57	
	32	KF24	0.00(毫安)	21:48:06	
	33	JZ24	<3(毫安)	21:48:13	

图 4.4.4　电源漏流测试表

复习思考题

1. 什么情况下列车信号 2DJ 才会有点灯电流？
2. 列车信号主灯丝断丝的监测方案有哪两种？
3. 外电网 I、II 路同时瞬间断电可能造成的后果是什么？
4. 电缆绝缘测试的流程是什么？
5. 电缆绝缘测试某一路数据和使用兆欧表测试数据相差很大时，如何处理？
6. 漏流测试的原理是什么？
7. 漏流测试盒的作用是什么？
8. 漏流测试时，所有交流均大于 100 mA 的原因是什么？
9. 根据电缆芯线数量如何选用电缆绝缘漏流测试继电器组合？

铁路信号集中监测系统管理与维护

铁路信号集中监测实行预防修、故障修和关键设备委托修的维修方式，保证设备正常运用。集中监测应采用安全隔离措施，不得影响被监测设备的正常工作。集中监测是信号设备维护、测试的专用系统，与非信号系统接口时，应经国铁集团工电部批准。凡信号设备基建、大修、更新改造时，集中监测应同步设计、同步施工、同步开通。

设备管理单位必须做到：不准自行修改、删除系统的任何文件和参数；不准自行运行、安装任何与系统无关的软件；严禁随意移动、拆卸、拔插设备；严禁在其专用电源上插接其他电器；严禁连接互联网；严禁在系统中从事与设备无关的工作。

任务一　组织机构与职责认知

集中监测管理工作实行国铁集团、铁路局集团公司、电务段三级管理。国铁集团工电部是集中监测技术管理和设备管理的业务主管部门，负责制定技术政策、技术标准及规章制度，负责全路集中监测网络的规划。

一、铁路局集团公司电务部的主要职责

铁路局集团公司电务部是管内集中监测设备的技术主管部门，应设置专业技术主管人员。其主要职责是：

（1）贯彻执行国铁集团的技术政策、技术标准和规章制度，结合铁路局集团公司实际制定集中监测维护管理实施细则。

（2）负责指导管内集中监测的大修、更新改造工作。

（3）负责集中监测维护工作的管理，指导、监督、检查管内集中监测的维护管理工作。

（4）组织或有重点地参加基建、更新改造、大修的技术方案论证、审查、施工交底和验收开通等工作。

（5）规划并审定集中监测网络拓扑结构，审批集中监测 IP 地址实施方案，审核 IP 地址分配。

（6）按规定权限审批集中监测的采集电路、硬件和软件修改申请，审批通道需求及变更申请。

（7）组织和协调有关单位处理集中监测的疑难故障。

二、铁路局集团公司工电检测所的主要职责

铁路局集团公司工电检测所是监测系统运用的主管机构，应设置监测系统分析主管人员。其主要职责是：

（1）负责铁路局集团公司监测系统运用管理工作，掌握监测系统运行、维护和使用情况，提出维修和运用指导意见。

（2）负责监测系统数据分析工作，指导和检查电务段（含高铁维修段，下同）监测系统数据分析，针对存在问题，提出考核意见。

（3）负责协调监测系统故障板卡的返厂修工作。

（4）参与处理监测系统的疑难故障。

三、电务段的主要职责

电务段是监测系统维护、使用单位，主要职责是：

（1）执行国铁集团和铁路局集团公司的技术政策、技术标准和规章制度，结合电务段实际制定监测系统维护使用管理办法。

（2）负责管内监测系统的技术、工程、维护、运用以及信息安全管理工作。

（3）编制、提报管内监测系统设备的大修、更新改造建议计划，组织或参与监测系统工程的调试和验收工作。

（4）负责监测系统维修工作。

（5）负责组织处理监测系统故障。

（6）负责监测系统故障板卡的返厂修工作。

（7）定期分析监测系统数据，总结监测系统运用情况，上报铁路局集团公司，并进行通报。

（8）负责组织制定并公布本段监测系统报警、预警上下限值设定标准，并组织车间完成报警、预警上下限值设定和模拟量测试精度校核工作。

（9）负责审查管内监测系统设备软件、数据及硬件修改方案，审查管内监测系统组网方案及 IP 地址分配方案，审查相关设计文件等。

任务二　技术及设备管理

一、技术管理

信号集中监测用户范围包括铁路局集团公司电务部、电务段、车间和信号工区，扩大用户范围应由国铁集团工电部批准。集中监测软件、硬件设备及采集电路的修改，应由铁路局

集团公司电务部批准。

1. 铁路局集团公司电务部应建立的技术资料

（1）按线或段分站统计的设备台账（主要内容包括系统型号、供应商、设备组成、大修年等情况）。

（2）监测系统网络拓扑图。

（3）监测系统IP地址表。

（4）硬件及软件安装使用手册和维护手册。

2. 电务段应建立的技术资料

（1）按线统计设备台账（包括系统型号、设备组成、大修年等情况）。

（2）监测系统网络拓扑图。

（3）监测系统IP地址表、站码。

（4）硬件及软件安装使用手册和维护手册（信号工区必备）。

（5）监测系统竣工图（信号工区必备）。

（6）软件台账（软件版本、数据配置文件）。

（7）密码台账。

（8）系统维护工具软件（包括修改数据的方法说明）。

（9）故障处理流程图。

（10）设备质量鉴定资料、原始验收记录资料。

（11）模拟量电气特性上下限及预警门限台账。

（12）备品备件台账。

（13）工具、仪器、仪表台账。

基建、大修、更新改造的监测系统正式投入运行前，应组织进行接口数据试验和系统功能验证。系统功能验证以现场运行验证为准，依据技术条件进行，主要包括各种开关量、模拟量、报警信息的校对和测量精度校核等。

信号设备基建、大修、更新改造时，监测系统设备应同步设计、同步施工、同步开通。投入使用前，建设单位、施工单位、供应商应向设备管理单位移交操作手册、维护手册和各种设备密码等技术资料，以及工具仪表和备品备件等，技术资料不少于6份。技术资料应规范、完整并装订成册。监测系统工程验交后，建设单位应组织施工单位在1个月内交付竣工图。

二、设备管理

监测系统应从TDCS/CTC获取时钟信息，并具备自动校时功能，自动校时功能失效时应由人工进行校时，并及时组织修复。

返厂修的监测系统设备或器材，修理时间不得超过30天，因特殊情况超过规定期限时，供应商应提供相应的备品代用，返厂修后的设备或器材应保修6个月。

任务三　运用管理

监测系统设备日常巡检由现场工区负责，检修及精度调整由试验室或电子设备车间负责。

一、监测系统日常检修管理

（1）电务段应每年进行一次监测系统模拟量测量精度校核和开关量状态、显示状态核对，并建立核对记录。更换模拟量采集器材时应对所涉及模拟量测量精度进行校核。

（2）日常巡检、定期检修主要是查看监测设备指示灯及设备清扫，保持摄像头设备清洁，发现异常及时处理，按作业指导书要求进行。

（3）电务段应根据季节变化，在道岔状态符合标准的情况下，设置每台转辙机的参考曲线，分析人员根据当前曲线与参考曲线的差异情况，有目标地指导道岔检查、维护。

（4）电气特性报警门限设置由现场车间负责，门限值由试验室（或电子车间）提供，门限值原则上按照《信号维护规则》和路局测试文件标准执行；温度按 5 ~ 35 ℃，湿度按 20% ~ 70%掌握，中继站及无人值守站可从严设置；对于特殊情况，电务段可根据实际情况适当调整，并记录在电气特性报警门限值档案内。

（5）监测系统一、二级报警信息及相关数据应在电务段中心服务器自动保存 1 年。

二、监测系统 IP 地址管理

（1）监测系统 IP 地址由铁路局集团公司电务部统一分配，各电务段应建立台账。

（2）增设或变更监测系统 IP 地址程序：

① 监测供应商应在工程安装、调试前 15 天，填写《IP 地址新增变更申请表》（附件），并附带网络拓扑图向电务部申请新 IP 地址，申请包括工程名称、新增监测终端、站机数量、位置及 IP 地址需求。电务部审查核实后，在 5 个工作日内批复。

② 监测系统开通后一周内，电务段应将新增监测终端 IP 地址纳入台账管理。

三、监测系统软件管理

（1）监测系统软件及数据维护以监测供应商提供的软件维护手册为依据，日常维护由电务段负责。

（2）系统运行环境与软件开发测试环境应分开管理，严禁在运行系统中直接进行软件调试。

（3）监测系统软件程序和数据配置文件应由供应商向电务段提供最新版本的备份 2 套。电务段应妥善保存软件程序和数据配置文件的备份，并及时更新。保存的有效软件必须标明软件的使用地点、设备名称、路径、设备中软件版本号、更新日期等信息。

（4）监测供应商应建立软件版本管理制度，保证提供的备份软件与现场实际使用一致。

（5）监测系统软件、数据配置文件变更应执行铁路局集团公司有关规定，同时完成以下工作：

① 软件更换完毕后电务段应对其采集精度和正确性进行验收。

② 设备管理单位应督促软件供应商同步更换相关监测系统终端软件。

③ 监测系统站机软件及数据配置文件发生变化后，相关的服务器软件及数据配置文件的修改工作，应由站机软件供应商采用自动上传机制同步完成监测系统服务器软件变更工作。

任务四　安全管理与数据分析

一、安全管理

防病毒系统是监测系统的信息安全设施，必须保证其良好运用，每半年进行一次病毒库升级。监测系统车站设备（含工区终端），不得安装光盘驱动器，USB 接口应予以封闭。

各种数据存储介质和调试用计算机在接入网络前必须经专用计算机查杀病毒，确认无病毒后，方可使用。电务段应配备专用的 U 盘（或移动硬盘）用于监测系统有关数据、软件的拷贝，且数据、软件的拷贝只准许在监测系统维护终端上进行。

监测系统更换计算机主机、硬盘或重装系统后，应当先查杀病毒，再做系统备份，然后投入联网运行。

各级使用人员在发现病毒后，应及时清除，同时上报。处理不了时应采取断开网络措施，防止病毒在网络中蔓延。系统维护、故障处理、软件升级时，应及时备份监测系统数据。

二、数据分析

监测系统数据（含各种报警、预警信息）反映了信号设备的运用状态，电务段应加强数据浏览分析工作，分析项目、周期按铁路局集团公司相关规定执行。

铁路局集团公司电务部、电务段应建立监测系统数据浏览分析制度，定期进行监测系统数据浏览分析，及时发现信号设备隐患，预防信号设备故障，掌握监测系统运用质量。

任务五　车站子系统维护

一、工控机故障处理

1. 打开计算机电源而计算机没有反应

（1）查看电源插座是否有电并与计算机正常连接。

（2）检查计算机电源是否能正常工作（开机后电源风扇是否转动），显示器是否与主机连接正常。

（3）打开机箱盖查看电源是否与计算机底板或主板连接正常，底板与主板接插处是否松动，开机底板或主板是否上电，ATX 电源是否接线有误。

（4）拔掉内存条开机是否报警。

（5）更换 CPU 或主板。

2. 加电后底板上的电源指示灯亮一下就灭了，无法加电

首先看机箱内是否有螺钉等异物，导致短路。其次查看有关电源线是否接反，导致对地短路。最后利用替换法，更换电源、主板、底板等设备。

3. 工控机加电后，电源工作正常，主板没有任何反映

首先去掉外围的插卡及所连的设备，看能否启动，如果不能，可去掉内存，看是否报警；然后检查 CPU 的工作，是否正常；最后替换主板，检查主板是否正常。

4. 开机后听见主板自检声但显示器上没有任何显示

（1）检查显示器是否与主机连接正常；

（2）另外插一块显示卡查看是否能正常显示；

（3）清除 CMOS（可能设置有错误）或者更换 BIOS；

（4）更换 CPU 板（主板集成显卡）或显示器。

5. 开机后报警显示器上没有任何显示

（1）打开机箱盖查看内存条是否安装或者松动；

（2）拔掉内存条开机后报警声是否相同；

（3）清除 COMS（可能设置有错误）或者更换 BIOS；

（4）更换显示卡或外插一块显示卡（主板集成显卡）。

（5）一般长音为内存条的故障。连续短音分为两种：一种是显卡报警，另一种是 BIOS 报警。能进入系统但有间隔的短音，在主板 BIOS 下有一项 CPU 温度报警设置，当 CPU 温度到达设置时主板会发出有间隔的短音报警。

6. 开机后主板不能自检成功

（1）按"Del"键重新设置 CMOS 或者清除 CMOS；

（2）更换内存条；

（3）重新刷新 BIOS 或者更换相同 BIOS 芯片。

7. 开机后主板能正常工作，BIOS 检测到键盘部分，报告键盘出错

首先看是否键盘锁锁定，解除键盘锁。如果不是，检测主板同底板的连线及键盘、鼠标是否连接正确。

8. 工控机安装硬盘以前可以启动，安装硬盘后发现不能启动

检查硬盘数据线是否接反。

9. 鼠标、键盘均不能使用

检查是否接有键盘鼠标一分二转接头，若有就将键盘、鼠标反接使用。

10. 开机后主板自检成功但无法从硬盘引导系统

（1）按"Del"键进入 CMOS 硬盘，查看参数设置和引导顺序是否正确；

（2）用光驱或软驱引导后，查看硬盘是否有引导系统或硬盘是否正常分区并已经激活引导分区；

（3）使用 FDISK/MBR 命令。

11. 开机后不能完全进入系统就死机或者出现蓝屏

（1）查看系统资源是否有冲突；

（2）BIOS 设置是否有错误；

（3）更换内存条；

（4）对硬盘重新进行分区格式化后安装操作系统。

12. 进入系统后找不到 PS/2 鼠标

（1）查看是否使用了一转二的转接头并正常连接，有时需要键盘和鼠标交换一下插头；

（2）按"Del"键进入 CMOS 查看 PS/2 选项是否打开；

（3）查看是否占用了 PS/2 鼠标所使用的 IRQ（一般 BIOS 给 PS/2 鼠标分配的 IRQ 是 12）；

（4）是否已经加载了鼠标驱动（主要是 NT 操作系统，在安装系统时若没有加载鼠标驱动，以后就不能驱动鼠标）；

（5）更换另外一个鼠标。

13. Windows 系统在运行过程中死机或者蓝屏

（1）是否安装了新的设备造成系统资源冲突；

（2）是否安装了错误的或者过期的驱动程序；

（3）查看系统是否感染病毒；

（4）CPU 风扇是否还在正常转动；

（5）系统文件或者应用程序以及磁盘是否受损；

（6）查看内存是否不兼容或者有问题。

14. 无法正确安装设备驱动程序

（1）查看驱动程序是否是最新并且支持该操作系统；

（2）驱动程序是否需要该操作系统的补丁程序的支持；

（3）其他设备占用的资源是否和需要驱动的设备占用的资源有冲突；

（4）若是外围设备，换一个插槽并重装驱动；

（5）更换设备并重装驱动程序。

二、通信故障处理

1. 与服务器通信不正常

首先检查网卡是否损坏（如前所述），若损坏，应更换网卡，更换后若还是不正常，则可能是路由设置不对，或者通道不通。

2. CAN 通信故障

首先查看 CAN 通信状态对话框中的状态，是否有某个分机工作不正常，若所有分机都不正常，则可能是 CAN 通信线故障或 CAN 卡故障或采集机故障，应检查 CAN 卡和采集机。

3. 接口通信故障

（1）检查通信接口是否正常，可将两头接口电缆取下，测量通信芯线通信是否正常。

（2）检查发送端设备是否工作正常，如维护机或接口监测主机，或接口通信板是否开启，接口通信程序是否正常运行。

（3）对于串口类数据，为只发不收模式时，可使用串口调试助手接收对应端口数据，看能否正常接收。

（4）当监测主机上有多个同类型的接口时，可交换接口连接，看看能否恢复，以判断通信口是否损坏。

4. 采集单元故障

检查采集单元的好坏最基本的方法是将之与相邻的通信单元交换来判断，这样可以排除底座配线出错的因素，只检查单元本身。需注意，程序显示的采集信息只与单元地址有关，交换采集单元时，如不变更单元的 485 地址，那么在程序显示界面上，单元采集的数值也将与交换单元的数值对换。

如地址为 1 的单元采集的是 1 号道岔的曲线，地址为 2 的单元采集 3 号道岔的曲线，当 1 号单元与 3 号单元交换时，1 号道岔的曲线通过 3 号单元采集，那么此时在原 3 号道岔的程序显示曲线栏中，看到的结果实际是 1 号道岔的曲线。同时采集单元的工作电源是否正常对采集数值也有较大影响，采集单元的标准工作电源为 12 V 直流电，正常工作偏差不得超过 1 V。因此，采集单元的工作电源一般不得低于 11 V，过低的工作电压将使采集单元采集数值出现偏差和不稳定情况。

任务六　信号集中监测设备作业

信号集中监测系统按照运用管理的基本要求，日常巡检由现场工区负责，检修由试验室或电子设备车间负责。巡检和检修作业必须按照指导书进行，作业指导书由各铁路局集团公司电务部制定，因此具体内容会有所差别，但主要内容基本一致。

一、信号集中监测设备巡检作业

信号集中监测设备巡检作业见表 5.6.1。

表 5.6.1　信号集中监测设备巡检作业

项目	作业流程	工作内容及标准	作业方法
作业前准备	确定巡检重点	根据维修机报警信息确定巡检重点	掌握设备运用状态及存在问题，对问题进行重点分析、查找
	工具、仪表、材料准备	通信工具、便携式工作灯、棉纱、毛刷、个人工具	通信工具试验，料具清点
作业过程	检查机械室	1. 集中监测(含环境监测、道岔缺口)通道通信状态正常； 2. 集中监测(含环境监测、道岔缺口)各设备板件、采集模块等工作正常，指示灯显示正确；无告警、无过热、无异响； 3. 环境监测视频摄像显示功能正常；门禁、光栅、水浸、火光、温湿度、空调等监控设备采集正常，报警正确； 4. 机柜风扇、主机风扇、UPS电源风扇运转正常，通风良好，温控仪温度设置正确； 5. 机柜内部清洁无灰尘，主机防尘过滤网清洁无灰尘； 6. 防雷单元正常，无劣化指示；地线连接良好，无异状； 7. 各种设备铭牌、标识清晰正确，无脱落； 8. USB口用易碎贴加封良好； 9. 时间校核，与 CTC/TDCS 时间校核误差不大于 60 s	1. 查看集中监测（含环境监测、道岔缺口）设备网络和接口通信状态图及采集模块设备状态是否正常； 2. 询问网管值班工区，本站通道在网管中的运用状态是否正常，评测本站误码是否超标； 3. 观察风扇运行叶片有无刮碰，声音是否有异响； 4. 旋转温控仪旋钮设置温度，机柜顶部风扇应随设置情况转动或停转，温控仪在机柜上部的设置在30 ℃ 左右，在机柜下部的设置在25 ℃ 左右
作业后复查	1. 复查调整或测试过的设备；2. 机柜门关闭良好；3. 关闭照明；4. 锁闭房门		

二、信号集中监测设备检修作业

信号集中监测设备检修作业见表 5.6.2。

表 5.6.2　信号集中监测设备检修作业

项目	作业流程	工作内容及标准	检修方法
作业前准备	确定检修重点	根据维修机报警信息确定检修重点	掌握设备运用状态及存在问题，对问题进行重点分析、查找
	工具、仪表、材料准备	通信工具、便携式工作灯、网线测试仪、万用表、吹风鼓/吸尘器、网线钳、毛刷、RJ45水晶头、扎带、个人工具及备品备件	通信工具试验、料具清点、仪表校核

项目	作业流程	工作内容及标准	检修方法
作业过程	监测站机检查	询问电务工区员设备运用状态	对工区反映的异常信息及时进行分析处理
	检查机械室	1. 检修时先把巡检项目进行一遍； 2. 集中监测（含环境监测、道岔缺口）各设备工作正常，指示灯显示正确，无告警、无过热、无异响； 3. 各部配线端子及螺钉紧固，插接良好、无异状，无过热现象； 4. 配线整齐，绑扎良好； 5. UPS 进行充放电试验，并记录放电时间不少于 5 min； 6. 每 5 年对工控机开盖检修一次	1. 查看集中监测（含环境监测、道岔缺口）设备网络和接口通信状态图及采集模块设备状态是否正常； 2. 用小毛刷将灰尘掸活同时，用吸尘器进行清灰，清理机柜内部灰尘时，应按照由上至下的原则进行； 3. 断开 UPS 输入电源，当电池容量指示灯点亮减少到 2~3 个时，恢复 UPS 输入电源，完成放电； 4. 工控机开盖清扫除尘，检查风扇状态，更换 COMS 电池
	采集数据核对	1. 集中监测（含环境监测）开关量采集信息核对； 2. 集中监测（含环境监测）模拟量数据校核； 3. 环境监测、道岔缺口视频摄像采集显示功能正常； 4. 环境监测采集项目核对，采集信息正常，报警正确	1. 核对开关量报警信息，是否正确； 2. 用万用表测量核对监测模拟量采集数据，是否与现场实际测试一致，对数据偏差较大的项目进行参数校核； 3. 环境监测采集项目核对门禁、光栅、水浸、火光、温湿度、空调等监控设备采集正常，报警正确，并与管控中心联系核对，确认报警信息正确
作业后复查	开通前确认	1. 与网管值班人员共同确认本站的设备状态及通道工作状态正常	开通前与网管值班人员共同确认本站通道工作状态正常、无误码
	加锁检查	1. 复查调整或测试过的设备；2. 机柜门关闭良好；3. 关闭照明；4. 锁闭房门	

复习思考题

1. 铁路局集团公司电务部集中监测专业技术人员的主要职责有哪些？
2. 铁路局集团公司电务段对集中监测系统有哪些管理职责？
3. 集中监测系统的日常检修管理有哪些要求？

4. 站机开机后报警，显示器上没有任何显示，可能的原因有哪些？
5. 监测系统接口通信故障如何处理？
6. 监测系统采集单元故障如何处理？
7. 监测系统的巡检作业和检修作业有哪些不同？

参考资料

［1］ 铁运〔2008〕142 号《铁路信号维护规则》技术标准（修订版）.

［2］ TJ/DW—2018 铁路信号集中监测系统暂行技术条件.

［3］ 中国国家铁路集团有限公司. Q/CR 442—2020 铁路信号集中监测系统技术条件.

［4］ 张胜平. 铁路信号集中监测系统原理及应用[M]. 成都：西南交通大学出版社，2013.

［5］ 运基信号〔2011〕377 号《铁路信号集中监测系统安全要求》.

［6］ 铁总运〔2014〕227 号《铁路信号集中监测系统维护管理办法》.

［7］ 上海卡斯柯信号有限公司. 信号集中监测系统操作手册.

［8］ 北京铁路信号工厂科技开发中心. 2000A 微机监测与辅助维修系统简介.

附录：专业术语表

缩写词	英文全称	中文解释
CE	Customer Edge Equipment	用户边缘路由设备
CSM	Centralized Signaling Monitoring System	铁路信号集中监测系统
CTC	Centralized Traffic Control	调度集中系统
CTCS	Chinese Train Control System	中国列车运行控制系统
DMS	Dynamic Management System	列控设备动态监测系统
MA	Movement Authority	移动授权
PE	ProvIder Edge Equipment	运营商边缘设备
RBC	Radio Block Center	无线闭塞中心
SA	Signaling Authorization	信号授权
TCC	Train Control Center	列车控制中心
TDCS	Train Dispatching Command System	列车调度指挥系统
TSRS	Temporary Speed Restriction Server	临时限速服务器
UPS	Uninterrupted Power Supply	不间断电源